「おんなじ」が生み出す子どもの世界

幼児の同型的行動

はじめに

幼児期の体験はその後の人生の基盤となります。大人に支えられながら生まれて初めての事柄を多く経験する幼児期において、仲間関係を形成することは、発達が進むにつれて、大人を介さずに子どもの間で展開していきます。

幼児が仲間関係を形成する仕方は、個別具体的な活動を通して体験しながら学ぶ、アクティブ・ラーニングにほかなりません。「ともだちのつくりかた」というマニュアルを読んでから友達をつくるのではなく、幼児の仲間関係を形成する過程それ自体が「ともだちをつくる」方法の実践となっています。言葉では説明できなくとも行動として実践される、幼児期特有の、幼児なりの身体を介した「知性」がそこに表れているといえます。

幼児教育とは、そうした幼児の「知性」が体験を通して磨かれ、十分に発揮されることを保障するものであるといえます。本書は、そうした幼児なりの「知性」に迫った研究です。具体的には、幼児が他者と同じ動きをするという現象に焦点を当て、それが仲間関係の形成等にどのように関連しているかを探究しました。

幼稚園や保育所、認定こども園などでは、複数の子どもが同じ動きをしている姿がよく見られます。誰かと「おんなじ」であることを喜び、楽しむような姿も見られます。そのときの子どもたちの様子は、「あの子と同じ動きをしよう」と意識している場合よりも、知らず知らずのうちにいつの間にかそうなっている場合のほうが多いようにも感じます。こうした姿は、保育現場の人々にとっては、ありふれた日常の光景といえるでしょう。本書は、そんなありふれた幼児の行動に焦点を当て、それが仲間関係にどのような機能を果たしているかを明らかにしました。

本書の研究に取り組んだ時代には、感染症によって「ソーシャルディスタンス」を取ることが求められ、マスクをして人と接することが日常となる未来は予想だにできませんでした。「コロナ禍」において、一見するとありふれた、当たり前と思える子ども同士の関わりの重要性を改めて思い知らされる事態となりました。

「幼児教育の無償化」等、国の重要政策として幼児教育の意義が注目されている中で、本書が、子ども同士の何気ないささやかな現象に目を凝らし地道に記述することで浮かび上がる幼児期の「知性」を、それを守り育てる幼児教育の意義と併せて理解してもらえることを、筆者として願っています。

なお、本書は、2013年3月に白梅学園大学大学院子ども学研究科博士課程より学位を授与された論文「幼稚園における子ども同士の同型的行動の研究」を基に、構成を見直し、加筆修正を加えたものです。また、博士論文及び本書の研究結果の一部は、次の論文として発表されています。

・砂上史子・無藤隆．（1999）．子どもの仲間関係と身体性：仲間意識の共有としての他者と同じ動きをすること．乳幼児教育学研究、8、75-84．
・砂上史子．（2000）．ごっこ遊びにおける身体とイメージ：イメージの共有としての他者と同じ動きをすること．保育学研究、38（2）、41-48．
・砂上史子・無藤隆．（2002）．幼児の遊びにおける場の共有と身体の動き．保育学研究、40（1）、64-74．
・砂上史子．（2006）．幼稚園における幼児の仲間関係と物との結びつき：幼児が「他の子どもと同じ物を持つ」ことに焦点を当てて．質的心理学研究、6、6-24．
・砂上史子．（2011）．幼稚園の葛藤場面における子どもの相互行為：子どもが他者と同じ発話をすることに注目して．子ども社会研究、17、23-36．

目次

第V章 子どもが他者と場を共有すること

第1章

幼児期の仲間関係と同型的行動

一　保育の場で育まれる仲間関係

1　人間関係の「原体験」を育む保育の場

幼稚園や保育所、認定こども園などの保育施設は、子どもにとって人生で初めて家庭から離れ、家族以外の同年齢の子どもたちと継続的に関わる場です。そこでの子ども同士の関わりは、人間関係の「原体験」（岸井，1990）として重要な意味をもちます。その経験を通して、子どもは人との関わり方を具体的に学び、「人とかかわる力の基礎」を養います（森上，1992）。

幼児教育・保育に関する国の基準である幼稚園教育要領（文部科学省，2017）などでは、他児と一緒に活動する中で多様な感情を体験しながら、子どもが人と関わる力を育てることが目指されています。保育内容の5領域の一つに領域「人間関係」があり、3歳以上児では共通に「他の人々と親しみ、支え合って生活するために、自立心を育て、人と関わる力を養う」ことを目指すものとなっています。

2　「人と関わる力」の危機

しかし、その一方で、平成17年1月の中央教育審議会の「子どもを取り巻く環境の変化を踏まえた今後の幼児教育の在り方について―子どもの最善の利益のための幼児教育を考える―（答申）」（文部科学省，2005）では、子どもを取り巻く様々な環境の変化の一つとして、「少子化、核家族化の進行によって、子ども同士が集団で遊び、時には葛藤することなど、様々な経験をする機会が失われている」と指摘されています。少子高齢化をはじめ子どもや子育てを取り巻く環境の変化に伴い、幼児教育・保育の中で「人と関わる力」を養うことは、ますます重要となっているといえます。また、平成29年3月告示の幼稚園教育要領等で新たに示された「幼児期の終わりまでに育ってほしい姿」には、「協同性」や「道徳性・規範意識の芽生え」といった領域「人間関係」との関わりが深い項目が挙げられています。このことから、人と関わる力、とりわけ子ども同士の関わり及び仲間関係の形成が、幼児教育で育むべき事柄の一つとして重視されているといえます。

では、幼児教育・保育の実践現場において、子どもたちはどのように子ども同士で関わりをもち、仲間関係を形成しているのでしょうか。

以下では、保育学や発達心理学における幼児期の仲間関係に関する研究を踏まえてその発達的意義を述べ、更に本書で幼児の仲間関係における相互作用に注目する理由を述べたいと思います。

二 幼児期の仲間関係

幼稚園、保育所、認定こども園などで子どもたちは他の子どもと関わり、人間関係を構築していきます。子ども同士の人間関係は「仲間関係（peer relations / relationship）」と呼ばれます。「仲間（peer）」とは、幼稚園などで日常生活を共に過ごす子ども集団（Corsaro, 2003）を意味し、年齢や身体的・心理的・社会的場が類似する者（Hartup, 1983; 斉藤, 1992）を指します。本書では、「仲間関係」を「同じ幼稚園などに通い同じ学年・クラスに所属するなどの共通項をもち、年齢や立場がほぼ類似する子ども同士の関係」と定義します。

仲間は、楽しみを共有し、危機を乗り越える資源として子どもの発達の重要な資源となります。仲間関係の体験は、社会・情動、認知など子どもの発達の諸側面に影響を及ぼします。仲間関係が子どもの発達にもたらすものの一つに、「社会的コンピテンス」があります。

仲間関係を通して子どもが身に付ける社会的コンピテンスには、次の五つがあります（斉藤・木下・朝生, 1986, pp.61-66）。一つめは、他者の行為の背後にある経験や感情、動機、思考などの内的特性を理解し、他者に思いやりをもつ「他者理解・共感」です。二つめは、他者の行為の理解と自己認知につながる一般的特性（性格、性別、年齢）に関する「社会カテゴリーの理解」です。三つめは、集団生活を円滑に行うための規則を理解し守る「社会的規則の理解」です。四つめは、仲間と相互交渉そのものをするための能力で、会話やごっこ遊びをスムーズに展開させるための「コミュニケーション能力」です。五つめは、自他の区別に基づいて自分の内的経験を抑制したり客観視したりする「自己統制能力」です。

これらの社会的コンピテンスの中でも、四つめの「コミュニケーション能力」は、幼稚園や保育所などでの子ども同士の関わりに直接反映され、それらの関わりを通して育まれるといえます。

三　幼児の仲間関係における相互作用への注目

本書では、前述したように、「幼児教育・保育の実践現場において、子どもたちはどのように子ども同士で関わりをもち、仲間関係を形成しているのか」という問いを探究するために、「同型的行動」という子ども同士の相互作用に注目します。相互作用に注目する理由には、大きく三つあります。

一つめは、仲間関係の理解のために相互作用に注目することは、幼稚園教育要領・保育所保育指針が示す「環境を通して行う教育」と密接に関連するからです。「環境を通して行う教育」では、子どもが「自分から興味をもって環境に主体的に関わりながら、様々な活動を展開し、充実感や満足感を味わうという体験を重ねていく」ことを重視しています（文部科学省, 2018, p.28）。したがって、

「環境を通して行う教育」では、具体的なものや人と子どもとの相互作用の理解が重要になります。保育者の適切な援助のためには、子どもの心情の揺れや子ども同士の相互作用の具体的な理解が必要不可欠です。更に、幼稚園教育要領や保育所保育指針等では、遊びを「重要な活動」として位置付けています。遊びは自由度の高い、多様で複雑な活動であることから、遊び場面における子どもの行動の詳細かつ適切な理解のためには、相互作用に注目することが必要となります。

二つめは、仲間との相互作用がいつ、どこで、どのように生じるかを具体的に理解することが、人生初期の人間関係の複雑さとそれが子どもの人生にもたらす影響を理解する鍵となるからです。子どもの仲間関係は、仲間との相互作用の複雑で幅広いパターンを含みます。子どもの仲間関係の理解には行動と相互作用の研究が不可欠であり、仲間関係研究は動的（dynamic）で過程志向（process-oriented）の記述を必要とします（Fabes, Martin, & Hanish, 2009, p.58）。また、相互作用が仲間関係に埋め込まれ、かつ相互作用の積み重ねによって仲間関係が形成され、同時に相互作用の質の違いが仲間関係の体験の違いを生み出すとすれば、相互作用に注目することは、仲間関係の形成、発展、維持などの具体的な過程の理解につながるといえます。

更に三つめは、相互作用に注目することは、仲間関係の体験を通して子どもが獲得する文化についての理解を深めるからです。仲間文化は、幼稚園や保育所などの集団保育施設での仲間関係を理解する上で重要です。Corsaro（1985）は、幼稚園の子どもの相互作用の記述から、ふざけやごっこ遊びなどの相互作用を通して子どもが「仲間文化（peer culture）」を主体的に形成することを明らかにし、「社会化とは、単に子どもが大人になることではなく、仲間文化（peer culture）に参加し、そのなかでうまくやっていくこと」（p.270）と指摘しています。また、相互作用を通して社会を構成する独自の存在として子どもを理解する（柴坂・倉持，2009）ことは、幼稚園・保育所などの仲間関係を通して子どもが獲得する文化を、大人が望ましいとする社会規範や道徳性に当てはめて理解するだけでなく、子ども自身が形成するローカルな仲間文化も含めて理解することにつながります。このことは、子どもを受動的な存在ではなく、主体的に生きる存在として捉える点で、幼稚園教育要領の立場にも共通するといえます。

四　保育における仲間との相互作用

保育学や発達心理学の分野では、幼稚園や保育所などの集団保育施設での仲間との相互作用についての研究が積み重ねられてきました。幼児期の仲間との具体的な相互作用には、仲間入り、いざこざ、ふざけ、ごっこ遊びなどがあります。これらの相互作用は子どもの関係や葛藤の有無などに違いがあり、その特徴は次のようにまとめられます。

仲間入りは、「進行中の遊びに参加している子ども」と「まだ参加していない子ども」という異なる立場の子どもの間で生じ、仲間ではない子どもが参加したり拒否されたりする一連の過程です。

仲間入りには進行中の遊びと似た行動をしたり、仲間入りの許可を求めたりするなど様々な方略があり、進行中の遊びに沿った行動が遊び集団側に受け入れられやすいことが明らかになっています（Corsaro, 1979; 2003; 倉持・柴坂, 1999; 松井・無藤・門山, 2001）。仲間入りは、仲間入り側の方略とそれに対する遊び集団側の反応という一時的交渉としてだけではなく、遊び集団への参加・統合の過程です。その過程では、仲間入り側は情報収集、遊び集団側は情報付与を多く行い、遊びに参加後に仲間入り側が遊び集団に統合されるやり取りが行われます（倉持, 1994）。

いざこざは、物の所有やイメージのずれや不快な働きかけなどを原因とする、欲求や主張が対立する子どもの間で生じ、葛藤とその解決・終結までの一連の過程です。いざこざを通して子どもは、自分と他者の感情や、他者との折り合いの付け方などを学びます（Shantz & Hobert, 1987）。いざこざで子どもが用いる方略は、3歳頃を境に、泣いたり叩いたりすることから、言葉で自分の言い分を主張したり妥協案を提示したりするようになります（Shantz & Hobert, 1987; 遠藤, 1995）。これらの方略の発達的変化に伴い、いざこざの終結は相互理解に至ることが増えていきます（斉藤・木下・朝生, 1986）。

なお、保育所や幼稚園などのいざこざでは、保育者が介入する場合もあります。これは、いざこざの中で子どもが他者の気持ちに気付いたり、自分の気持ちを主張したりするなど、発達に必要な経験ができるようにという教育的意図によるものです。具体的には、1歳半頃から、保育者の介入は単なる制止や注意転換から、意図の確認や順番・共同使用の提案など子ども同士の関係を媒介するように変化します（遠藤, 1995）。3歳以降では、子どもに状況・原因を尋ねたり、双方の気持ちを代弁したりして、子どもたちで解決できるように援助します（小原・入江・白石・友定, 2008）。また、周囲の子どもたちも3歳頃から大人の規範や行動を取り入れて（山本, 2000）、制止や慰めなどの調整的行動を取ります（都筑・上田, 2009）。

ふざけ・からかいは、笑いや「おかしさ」に特徴付けられる一連の過程で、いざこざや仲間入りの過程で方略として用いられる場合もあります。幼稚園や保育所などでは、笑いやおかしさを伴う仲間との相互作用がよく見られます。園生活の中で子どもはおかしさに気付き、それを仲間と共有し、それを自分で生み出します（友定, 1993）。おかしさを誇張し、笑いを伴い、相手の反応を引き出すことを志向する行動として、ふざけやからかいがあるといえます。

ふざけは「行為者が相手から笑いをとるきっかけとなる、関係や文脈から外れた不調和でおかしな、ほかの人に伝染することもある行為」（p.72）と定義され、「大げさ・滑稽」「まね」「からかい」「タブー」などの種類があります（掘越・無藤, 2000; 掘越, 2003）。からかいは、「相手が嫌がるであろうことばや行動を用いて相手の反応を引き出そうとする挑発的行為に、微笑み、大げさな表情などの遊戯的サインが伴ったもの」（p.38）を指し、相手の感情を逆撫でする発言などの「言語的からかい」と、相手を見て逃げ出すなどの「非言語的からかい」から成ります（牧, 2009）。ふざけやからかいに対する相手の子どもの反応には、受容や拒否、無視などが見られるとともに、それらは仲間入りや仲間との関係強化（掘越, 2003; 牧, 2009）、いざこざにおける緊張緩和（掘越, 2003; 広瀬, 2006）

の機能をもちます。

ごっこ遊びは、遊びに参加している同じ立場の子どもの間で展開され、現実とは異なる虚構の世界を楽しむために行われる、ふりや見立てなどによって展開する一連の過程です。ごっこ遊びの発話や動作の構成要素には「役割」「プラン」「物」「状況設定」があり、これらをめぐって子どもは会話したり、ふりを行ったりします（Garvey, 1977/1980）。また、ごっこ遊びの過程では、仲間と共に役割やテーマを相談したり、互いに多様な役を演じたりすることから、ごっこ遊びはコミュニケーションスキルを発達させる機会となります（Rubin, Bukowski, & Parker, 2006; 山本, 2001）。したがって、ごっこ遊びの相互作用それ自体が、子どもにとっては様々な意見や意思の違いを調整したり、葛藤を回避したりすることを学ぶ契機になっているといえます。

なお、仲間入り、いざこざ、ふざけ・からかい、ごっこ遊びは相互排他的に独立したものではなく、仲間入りをめぐる葛藤がいざこざにつながったり、いざこざの解決方略としてふざけが用いられたりするなど、部分的な包含関係を有するといえます。

五　微細な行動に注目した相互作用の分析

我が国の保育・幼児教育における仲間との相互作用の研究は、１９９０年代後半から、相互作用内の具体的で微細な行動※に注目する研究が行われるようになりました。この背景には、無藤（1996a）の保育における「身体知」の理論があります。

無藤（1996a）は、対象と関わる際の動きに習熟した身体、ある場面での適切な動きを遂行する身体の状態を「身体知」と呼び、子どもの発達を具体的な物や場における多様な動きの獲得と振る舞いの習熟として捉え、対象に見合った動きの多様性を保証するものとして保育を理論化しました。この「身体知」の理論を援用することで、幼児の仲間関係の形成・維持・展開の具体的な詳細がより明らかになりました。

例えば、子ども同士の身体接触に注目した研究（塚崎・無藤, 2004）では、幼稚園の3歳児クラスの観察から、身体接触が言葉の代わりとして機能する段階から、言葉の支えとして仲間に対する親和的表現や仲裁やなだめの機能をもつ段階へと変化することを明らかにしています。その他にも、幼稚園の5歳児クラスの協同的活動において目的が共有される過程では、物や他者に対応して身体を動かす身体知の共有が見られること（佐藤, 2009）や、3歳児の遊びの中の振り向きが注視や接近、模倣などを介して子ども同士の相互作用へとつながること（香曽我部, 2010）、5歳児が身体接触を暗黙的かつ道具的・手段的に用いて仲間との相互作用のきっかけをつくったり、関係を形成したりしていること（藤田, 2011）などが明らかにされています。

こうした一連の研究により、相互作用内の微細な行動が仲間との相互作用を構成し、その積み重ねによって仲間関係の形成や維持、展開がもたらされていることが明らかになったといえます。また、これらの研究が示す発達的変化は、「身体知」の視点から、幼児期に育つ人と関わる力のありようを具体的に示すものでもあります。

更に、これらの研究は、「仲間入り」「いざこざ」「ふざけ・からかい」「ごっこ遊び」などのように、一連の相互作用が構成する出来事（エピソード）の種類ごとに相互作用を記述するのではなく、複数の出来事の中に見いだされるより微細な動きに注目して、それらを記述するという新たな展開をもたらしたといえます。つまり、「身体知」に注目することは、子どもの仲間との相互作用を、エピソード単位から行動単位で捉えるという着眼点の転換であるのです。そして本書もまた、この「身体知」の視点に立つものです。

※本書における「微細な行動」の「微細」とは、無藤（1996a）が「身体知」の理論化に当たって用いた事例における子どもの行動の記述のレベルを指す。例えば、巧技台の遊びの事例での「両手を横に開いて、歩いていく子どもがいる。また、足を少しずつずらしながら、ゆっくり進んで渡る」（pp.147-148）という記述である。厳密な足の開きの角度や歩幅の長さは示さずとも、子どもの体の具体的な動きを思い浮かべることのできる記述のレベルである。

第Ⅱ章

子どもの「同型的行動」

一　乳幼児期の同型的行動

本書で、幼児期の仲間との相互作用における微細で具体的な行動の中でも特に、子どもが他者と同じあるいは類似の動きをするなどの「同型的行動」に注目する理由は、それが学習の原動力となったり、対人関係の構築につながったりするなど発達上重要な現象だからです。また、複数の子どもが同じ、あるいは類似の行動をしている様子は、誰の目にも分かる明確な現象です。しかし、その一方で、同型的行動の定義は、意外に容易ではありません。

他者と同じ、もしくは類似の行動をすることは、「模倣（imitation）」と呼ばれ、ヒトだけでなく、チンパンジーなどの霊長類にも見られます。しかし、模倣は、行動の新規性（本能的かそうでないか）、発生メカニズム（生得的かそうでないか）、意図の有無（意図的に行ったかそうでないか）などによって多様であり（佐伯, 2008; 明和, 2000）、統一された定義をすることが難しい状態です。

このことから、本書では、模倣の複雑さと幅広さを踏まえ、「ある個体が別の個体と類似の行動を行う」という観察可能かつ包括的な現象として模倣を捉えることとします。更に、客観的に観察可能である特徴を重視して、「模倣」ではなく「同型的行動」という言葉を用います。ただし、本章の以下の先行研究の概観では、それぞれの研究について説明する際にはその研究が用いている用語（「模倣」など）を用いています。

二　同型的行動の発達

同型的行動は発達の最初期から見られます。子どもは誕生直後から同型的行動を行い、同型的行動には子どもの認知的、社会的発達が反映されます。Meltzoff & Moore（1977; 1983）の有名な新生児模倣の研究では、早い例では生後72時間以内の新生児が舌出しや口の開閉など、大人の顔の動きを模倣することが明らかになっています。この現象の発生メカニズムの詳細については十分には解明されていませんが、新生児模倣は何らかの生得的基盤をもつとされています。このような乳児期の模倣は、まだ言葉をもたない乳児と大人との間のコミュニケーション及び人間関係の構築を促進する役割を果たします。

また、Piaget（1945/1968）によると、出生後から2歳までの模倣の発達は、反射的行動の段階から表象（イメージ）による延滞模倣の段階へと段階的に変化します。この変化は幼児の認知的発達段階を反映するものでもあります。

麻生（1980）は、Piaget（1945/1968）をはじめとする模倣の研究の概観から、各時期の模倣を「コミュニケーションとしての模倣（生後1年目の前半に出現）」、「意図された遊びとしての模倣（生後1年目の終わりから2年目の前半に出現）」「課題としての模倣（生後2年目の後半から3年目の前半に出現）」

の三つに分けています。この分類から、同型的行動の質の変化は、それを介して子どもが他者と関わる際の相互作用及び関係の質の変化を反映するといえます。

三　子ども同士の同型的行動

新生児模倣など発達初期の同型的行動は主に子どもと大人との間で見られますが、1歳前後から子ども同士の間でも同型的行動が見られるようになります。1・2歳代の子ども同士の同型的行動の研究では、実験的状況下で出会った子ども同士のやり取りでは、模倣的関係が一定程度見られること（Ross, 1982）や、子ども同士が協応的な遊びに至る行為として模倣が最も多い（Eckerman, Whatley, & Kutz, 1975）ことが明らかになっています。同様に、2歳から3歳にかけての子ども同士の遊びの発達の初期段階では、同種の行動を行い、繰り返す相互模倣が特徴的に見られます（内田・無藤, 1982）。この他にも、乳児院や保育所などでは、より早い0歳代から、3人以上の子どもの間でも同型的行動が見られ、その背景には他者の情動や態度に共鳴・共振することが指摘されています（須永, 2007）。

したがって、3歳未満の乳児期、幼児期前半では、同型的行動が子ども同士の相互作用の開始、成立、維持に重要な役割を果たしているといえます。これは、模倣が「模倣される者に対する関心が模倣者にあること、および、その行為の類似性を模倣される者に伝達する役目」をもち、それが情動の共有を生じ、更に同じ行動を繰り返して相手に応えることにつながる（遠藤, 1995）からだといえます。

そして、3歳以降の幼児期後半においても、同型的行動は子ども同士の相互作用において重要な役割を果たすことが複数の研究から明らかになっています。

幼児期の前半と後半をまたぐ2歳から3歳は、子どもたちが自律的に集団を形成し持続的な相互作用が可能となる仲間関係の発達における節目の時期です（山本, 2000）。山本（2000）は、保育所の2・3歳児の事例から、「伝染」と呼べる、情動的な側面も含む活動の模倣が子ども同士の間で生じ、それが遊びの成立につながるとしています。この他にも、幼稚園の3歳児クラスの事例から、子ども同士の模倣は一体感や満足感などの情動と関連すること（杉村・岡花・牧・浅川・鄭・佐藤, 2011）や、幼稚園の2歳児クラスの事例から、相互模倣が「『通じ合い』の確認」の役割を担うことによって、子ども間での遊びのテーマ成立につながること（瀬野, 2010; 2011）が指摘されています。

また、2歳から3歳にかけては、子ども同士の会話も活発になります。子どもの同型的行動は2・3歳頃に、身体の動きに加えて、言語的模倣として発話においても盛んに見られるようになります（Nadel, Guerini, Preze, & Rivet, 1999）。これに関連して、淀川（2010）は、保育所の2歳児クラスの食事場面での子ども同士の叙述と確認を目的とする対話では、2歳児前期は模倣が多いが、後期には非模倣の対話が増えるとしています（淀川, 2010）。

なお、子ども同士の模倣は3歳頃までに顕著に現れ、3歳以降の幼児期後半になると模倣が「からかい」などのネガティブな意味を担うという指摘もあります（遠藤, 1995）。しかし、保育所や幼稚園、認定こども園などの子どもが集団生活をする場所では、3歳児、更に4・5歳児の間でも様々な場面で同型的行動が見られることが明らかとなっています。例えば、子どもの同型的行動に関する研究における、保育園年長組での両手を広げてぐるぐる回るなどの相互同調の事例（平井, 1985）などからは、幼児期後半においても前述の遊びの「伝染」（山本, 2000）としての同型的行動が時には集団規模で生じることが示唆されます。

更に、相互作用の開始では3歳児は4歳児に比べて仲間の模倣が多いこと（松井・無藤・門山, 2001）などが明らかとなっています。また、幼稚園の5歳児クラスの事例から、ある遊びから別の遊びに移る「水平的再文脈化」での模倣は遊び集団の再構築として、一つの遊びが変容しながら展開する「垂直的文脈化」での模倣は遊びの新たな流れを生み出すものとして機能していることが明らかにされています（岡花・牧・佐藤・浅川・杉村, 2011）。この背景には他児の動きの模倣が一緒に遊ぶ契機や他者への親近感を芽生えさせる（鈴木, 2009）ということが関連しているといえます。

以上から、幼児期後半においても同型的行動は相互作用の開始、成立、維持に重要な役割を果たすといえます。無藤（1997）は、「同じ場所にいて、表情や身振り・動作を真似し合うことが人との間の関係の基本」であり、「同じようなことをすることが親しさを表している。むしろ親しさ自体である」（p.10）と指摘しています。つまり、同型的行動は、他者への関心の表明であり、共に同じ動きをすることは一体感や親しさなどの情緒的なつながりを生み出すものでもあるといえます。更に幼児期後半では同型的行動が遊びのテーマの共有や遊びの展開にもつながっています。同型的行動は、幼児期を通じて子どもの仲間関係に深く関わるものであるといえます。

四 同型的行動における媒介

人と人とが関わり合うとき、そこには何らかの媒介が存在します。それは主に、身体の動き、物、言葉であるといえます。無藤（1997）は、「幼児の場合には、物理的な活動が中心的な活動の流れを構成し、ことばはその合間に挟み込まれ、その物理的な活動との関連で了解できることが多い」（p.24）と指摘しています。したがって、幼児の相互作用の理解においては、身体の動き、物、発話といった種類の異なる媒介について、その違いやそれらの関連に注目することが必要であるといえます。

また、同型的行動は複数の人間の行動が同型であることに特徴付けられることから、これまでの幼児同士の同型的行動の研究では、「同型であること」に焦点が当てられ、「何において、何をもってして同型であるか」という媒介を区別した研究はほとんど見られませんでした。例えば、前述の同型的行動の研究で取り上げられている事例では、幼児同士の同型的行動はおもちゃなどの物を介したやり取りであることが多く（須永, 2007; 瀬野, 2010, 2011; 杉村・岡花・牧・浅川・鄭・佐藤, 2011）、その行動には発声や言葉が伴っていることも多い（山本, 2000; 須永, 2007; 鈴木, 2009; 岡花・牧・佐藤・浅川・杉村, 2011）のです。

　これらのことから、同型的行動を構成する具体的な媒介に注目することで、幼児の仲間関係における同型的行動の機能をより詳しく明らかにできるといえます。媒介の特性を考慮することによって、同型的行動が仲間関係に及ぼす影響や、仲間関係において果たす機能の詳細な記述につながると考えられます。特に、幼児期の相互作用は、身体の動きと物と発話が織り込まれながら展開することから、それらの媒介をいったん区別することによって、それらの共通点と相違点をより具体的に明らかにできるといえます。

第Ⅲ章

研究の方法

本書の第Ⅳ章から第Ⅶ章となる四つの研究に共通する研究方法について以下に記します。本書では、幼稚園での観察による質的研究の研究方法を用いました。

調査協力者である観察対象は、観察期間による多少の違いはあるものの、ほぼ同一の園児、幼稚園教諭です。

一 質的研究法による分析

本研究では、幼稚園での観察と、観察で得た事例の記述と解釈による質的研究の方法を用いています。

幼児教育・保育の分野では、心理学など他の分野と比べて、質的研究が主たる研究方法の一つとなってきました。これは、個別具体的な子どもの姿を記録した事例研究の手法が、保育実践になじみの深いものであったからだといえます。保育実践は個別的、多義的、偶然的な特徴をもち、保育者の関わりは即興性を有する（倉持，2003）ため、個別性や多義性を記述し考察する質的研究は、保育実践における子どもの発達や保育者の専門性を明らかにする上で有効であるといえます。

また、本研究の目的に照らして、質的研究の方法を用いた理由は、以下の3点です。

第一に、研究対象となる行動の生じている保育実践の場に臨むことで、臨場感を伴って子どもの行動の意味を理解することができるから、です。

第二に、研究対象となる行動が生じた文脈を踏まえた上でそれらを理解する必要があるから、です。特に同じ動きなどの非言語的行動は、それが現れた文脈と合わせて理解する必要があります。

第三に、研究対象となる行動を理解するには、具体的に詳細に記述する必要があるから、です。

二 本研究の方法

1 観察対象・期間

本研究の観察調査の概要は、表3-1に示すとおりです。

観察対象は関東地方の公立M幼稚園（2年保育）の4歳児クラスT組と5歳児クラスS組、U組です。4歳児でT組であった子どもたちが、次年度に進級して、5歳児クラスからの新入園児も含めてS組とU組に分かれました。担任教諭が2名のクラスは、そのうち1名は特別な支援を要する幼児の担当です。

研究全体の観察期間は、1998年4月から2000年3月までの観察対象の子どもたちの入園から卒園までの2年間です。観察対象や観察期間の概要を表3-1に示します。この後の第Ⅳ～Ⅶ

表 3-1　本研究の観察機関と観察対象

観察年度 観察期間	観察回数 観察時間*1	観察 クラス	園児数*2	保護者
平成 10 年度 1998年4月～1999年3月	50 回 約 250 時間	4 歳児 T 組	23 名 (男児 12, 女児 11)	2 名 吉田先生 田原先生
平成 11 年度 1999年4月～2000年3月	41 回 約 205 時間	5 歳児 S 組	21 名 (男児 10, 女児 11)	2 名 吉田先生 田原先生
		5 歳児 U 組	20 名 (男児 11, 女児 9)	1名 本間先生

＊1　1回の観察につき観察時間は約5時間である。
＊2　観察中に転園等による増減があり、表中の園児数は観察年度終了時点での数である。

の各章は、表3-1の期間に4歳児クラスで観察されたものです。園生活全体の流れを捉えるために、1回につき登園時から降園時（午前9時～午後2時）までの約5時間の観察を行いました。なお、表3-1の保育者名及び第Ⅳ章以降の子どもの名前は全て仮名です。

2　観察者の立場

本研究の観察では、あくまで「観察者」として園生活を子どもたちや先生方と共にしました。観察中は通常の保育の邪魔にならないことを心がけ、子どもから求められたり、子どもの安全上関わりが必要であったりするような場面の他には、観察者から積極的に子どもに関わることはしませんでした。また、お弁当の時間やお片付けの時間には、子どもたちと一緒に食事をし、片付けを手伝うなどしました。

なお、観察でビデオ撮影を行う際には、保育室の隅など子どもと保育者の動線の妨げにならず、かつ目立たない場所から撮影を行いました。ビデオカメラの存在は、子どもに隠すようにはせず、子どもがその存在に慣れ、自然体でいられるように心がけました。具体的には、近くに寄りすぎないこと、子どもが撮られることを嫌がった場合には即座に撮影を止めることなど、子どもが撮影されていることを負担に感じないように配慮しました。

3 記録方法

観察記録は、ビデオ撮影と筆記記録によって行いました。2年間91回の観察のうち84回の観察で撮影を行い、1回の観察で撮影した時間は平均して約30分で、合計で約42時間分の撮影を行いました。ビデオ撮影した映像は全てを逐語的に文字化し、筆記記録は清書して担任の先生方にフィードバックを行いました。更に、クラスの子どもたちと保育に関する理解を深めるために、ほぼ毎回の観察後（保育後）に約20分程度観察したクラスの先生方と話合いを行い、その内容も清書して記録に残しました。

したがって、本研究はビデオ記録、筆記記録、保育者の先生方との話合いの記録という3種類の記録のデータによるものです。これらの多様な記録によって、事例の記述とその解釈が、子どもの行動の意味やそこに至るまでの文脈も含み込んだ「厚い」（Geertz, 1973/1987）ものになることを意図しました。

4　分析方法とその配慮

本研究では、ビデオ記録の中から、子どもが他者と同じ動きをするなどの同型的行動の事例を抽出し、それを記述し解釈しました。事例の解釈が観察者の恣意的な主観性に左右されることを防ぎ、事例の解釈がより妥当性の高いものとなるように、①子どもの行動の可視的事実の詳細な記述、②間主観性に基づく事例の解釈、③保育者の見方・感じ方を参照する、④継続的観察による子ども理解の深まり、という4点に配慮しました。

「①子どもの行動として目に見える可視的事実を詳しく記述する」は、可視的事実を出発点にしてそれらを詳しく記述することで解釈の過剰や逸脱を防ぐものです。保育実践の用語や概念を共有しつつ、現象を「過剰に詳しくとらえる」（無藤, 2003, pp.8-10）ことで、子どもの行動を見慣れた「よくあるもの」として見過ごすことなく、そこから新たな知見を生み出していこうとする姿勢を心がけました。

「②間主観性に基づく事例の解釈」とは、保育や介護等のフィールドにおいて人と関わる中で「他者の主観（心）の中の動きをこの「私」の主観（心）において摑むこと」による解釈です（鯨岡, 2005, pp.15-16）。本研究のビデオ記録、筆記記録においては、子どもや保育者の行動の客観的な記述だけでなく、その場で観察者が感じた子どもの気持ちや人間関係のありようなどについても、観察された事実とは区別して書くようにしました。保育実践の場に生まれる「力動感＝生き生き感」や「息遣い」（鯨岡，同，p.15）を生かした記述と可視的事実の詳細な記述とを重ね合わせることで事例の解釈の妥当性や迫真性を高めることを目指しました。

更に、本研究では、保育者の先生方と話合いを通して、「③保育者の見方・感じ方を参照」し、観察者の見方・感じ方と保育者の先生方のそれらとの擦り合わせを行いました。このことにより、子どもの行動についてその背景も含めて理解を深めるよう努めました。

更に、「④継続的観察による子ども理解の深まり」を事例の解釈に盛り込むことで、解釈の妥当性を高める一助となるようにしました。観察を継続的に行うことは、一人一人の子どもの個性（好きな遊びや行動の特徴）、子どもの仲間関係の履歴、保育実践の流れを理解することにつながり、それらを事例の考察に生かしました。

第Ⅳ章

子どもが他者と同じ動きをすること

本章では、身体を媒介とする同型的行動として、「他者と同じ動きをする」という現象に焦点を当て、幼児の仲間関係と他者と同じ動きをすることとの関連を具体的な事例から明らかにしたいと思います。その際、本章では子どもが他の子どもに対する「仲間意識」と、ごっこ遊びなどにおける「イメージ」の共有に着目します。

一　仲間意識の共有としての同じ動き

幼児の仲間関係と他者と同じ動きをすることとの関連を明らかにするために、分析の対象とする事例を、子どもが「躍動的な遊び」（松井，2001）またはそれに準ずる遊びをし、かつそこでの仲間関係が読み取れる事例としました。ここでの「躍動遊び」は、軽快なリズムや言葉を伴いながら、走る、飛び跳ねる、身体接触のある活動を含むものを指します。

また、本書での他者と同じ動きをすることの定義は、以下のa）〜e）の全ての要件に当てはまるものです。

a）身体の動きが先行する他の幼児の動きとほぼ同じである。

b）2人以上の子どもの間で同じ動きが時間差をもって繰り返される。

c）後から同じ動きをする子どもが、その動きをするように指示されたり、動きを誘導されたりしていない。

d）身体の動きが、遊びの内容や用いられている遊具などの制約を受けていない。

e）偶然に身体の動きが一致したのではなく、子どもたちの空間的位置やタイミングなどから、後から同じ動きをした子どもが先行する子どもの動きを見ていたと推測される。

これらの定義に当てはまる事例のうち、観察で撮影した映像において、身体の動きが鮮明で、前後の文脈と事例の子どもたちの仲間関係が特に明確と思われる事例を挙げ、幼児の仲間関係と他者と同じ動きをすることとの関連を考察したいと思います。

事例の記述では、分析対象となる他者と同じ動きをすることには傍線と後の考察に用いるための番号（「A1」など）を付しています。

1　一緒に遊んでいる仲良しが、同じ動きをする

事例Aは、仲がよい関係であった、いわゆる「仲良し」の2人の幼児の間で生じた他者と同じ動きをする事例です。

事例A　走ったり寝転んだり（4歳児クラス、6月8日）

シンとタカは、それぞれに同じような形のブロックで作った銃を持ち、廊下のロッカーの仕切り

イラストA1　シン（左）が廊下に座ると、タカ（右）はシンのそばに座る

の中に1人ずつ入る。

タカはロッカーの中にしゃがんで「うわぁ、気持ちいい」と言う。シンは隣のロッカーのタカを覗き込みながら「うははははうははは」と楽しそうに笑う。

2人がロッカーから出た後、シンが「うはは」と笑って、廊下の突き当たりの園長室のほうへ走り出す。タカから少し離れたところで、シンが床にお尻をつけ寝転ぶと、タカはシンのそばに走ってきて、シンの隣に座る（A1）。タカは、シンの隣で床にお尻と背中をつけて寝転ぶ（A2）。

シンが立ち上がって、「きゃぁぁぁぁぁぁぁ」と大きな声を出して保育室に入って行くと、タカも「はぁ」「ははは」と笑いながら、シンの後を追うようにして保育室に入って行く（A3）。

シンとタカは、保育室でモルモットの世話をしているT先生のそばにやってきて、その様子を見る。シンが「バンバンバン」とたらいの中のモルモットをブロックの銃で撃つふりをすると、タカも「バンバンバン」とブロックの銃をたらいに向けて、撃つふりをする（A4）。

事例Aに登場するシンとタカは、この事例が見られた6月上旬に他の男児も含む4人グループで一緒に遊ぶ姿がよく見られました。その男児グループの中でもシンとタカは、自分の主張を強く出すタイプではないところや、穏やかな雰囲気が共通点となり、特に仲がよいように感じられました。彼らのクラスの先生方は「シンとタカは積み木などを最後まで作る。物に向かえる子は遊べる」という2人の共通点を指摘していました。また、この事例Aと同日の観察では、事例の場面後にもシンとタカは一緒に黒猫ごっこなどをして遊んでおり、更に事例Aの前後の観察日でも彼らが一緒に遊ぶ姿が見られました。したがって、この事例Aの時期のシンとタカは、安定して持続した仲間関係を構築していたといえます。

事例Aでは、シンが廊下に座るとタカも廊下に座る（A1）、シンが廊下に寝転ぶとタカもシンの隣に寝転ぶ（A2）、シンが保育室に入るとシンも後を追うように入る（A3）、更にシンがモルモットをブロックの銃で撃つふりをするとシンも同様に撃つふりをする（A4）という、同じ動きがシンとタカの間で繰り返し生じています。また事例Aでは、A1~4の行動の前から「うははははは」という笑い声が生じ、かつA3では「きゃあぁぁぁぁぁ」「ははは」など歓声や笑い声も生じています。このことから、事例Aでシンとタカが同じ動きをすることには、楽しさや面白さなどの快の情動が伴っていたといえます。

このように、快の感情を伴って笑い声や身体の動きが幼児の間で繰り返される様子は、彼らの身体と身体とが、「響き合っている」ようだといえます。鯨岡（1997）は、生きた身体が表出する「情動価（vitality affect）」の表出と感応が対人コミュニケーションの基底にあると指摘しています。情動価（vitality affect）とは「出来事の活性水準（エネルギー水準）、活動性の輪郭（パターン）、リズム等々といったグルーバルな様相」であり、「身体に根ざすある感じ」を指します（p.74）。このことを踏まえると、この事例Aにおけるタカとシンの姿は身体の表出する力動感や情動価を互いに感受し合い、共振・共鳴している姿と捉えることができます。そして、このような2人の共同性は、上述したこの時期の2人の仲間関係とも密接に関連していると考えられます。

無藤（1997）は、人間関係を「からだを持ったもの同士の関係である」とし、同じ場にいて表情や身体の所作を共有することが人間関係の基本であり、「同じようなことをすることが親しさを表している。むしろ、親しさ自体」（p.10）であると指摘しています。親しさを特定の他者に対する肯定的感情とその持続とするならば、シンとタカのように既に仲がよい関係にある場合には、同じ場にいて同じ表情や身体の所作を共有すること、すなわち身体の共鳴・共振が生じやすい状態であると考えられます。言い換えると、シンとタカの間の互いを仲間と感じる仲間意識が、2人が同じ動きをしようとする志向性の素地となっている可能性があります。つまり、「いつも仲良し」という持続的な仲間関係による仲間意識が、他者と同じ動きをすることにつながっていると考えられます。

そして、このことは、同様に、森（1999）による、他者と共振して他者の行動をまねる過程が遊びの成立、発展に関連するという指摘にも重なるものです。

なお、この考察に関連して、「仲間意識」を定義すると、仲間意識とは、「特定の他者との間における、親しみの感情を伴った、自分と相手が行動を共にする間柄であるという意識」ともいえます。この定義では、仲間意識とは、客観的に実在するとされるものではなく、外的に現れた可視的事実によってその存在が妥当と推察される内的状態を指します。

2 一緒に遊んでいない仲良しが、同じ動きをする

次の事例Bは、事例Aで見られた一連の活動や情動の共有として他者と同じ動きをする事例とは異なり、他者と一緒に何かをしている状態が希薄であっても、仲間意識だけで他者と同じ動きをすることにつながることを示唆する事例です。

事例B 「こんなんなっちゃった」（4歳児クラス、10月26日）

登園後間もなく、タカとアキとハルは廊下で同じクラスの他の男児を怪獣に見立てて、その男児の名前を連呼したり、その男児のロッカーを見たりして、盛り上がる。しかし、彼らが怪獣のように見立てていた男児が、この日風邪で欠席の担任の吉田先生についてアキたちに尋ねると、アキた

イラストB3　アキ（右）が廊下に腹ばいに寝そべると、タカ（左）はその隣で腹ばいになる

ちのふざけは終わる。

ふざけが終わった後、遊戯室の入り口の前でタカがアキに「新しい上履きだから」と左右の足を床の上で前後に滑らせる（B1）と、アキは体を左右に傾けて揺らす。

アキの「滑る」という声が聞こえて（B2）、タカとアキとは異なる方向（遊戯室の中）を見ていたハルが振り向くと、廊下の床にアキが腹ばいに寝そべっていて、タカもその隣に腹ばいに寝そべる（B3）。アキが顔を上げて「こんなんなっちゃった」と言うと、ハルも「こんなんなっちゃ……（聞き取り不能）」と言ってタカの横に寝そべる（B4）。

事例Bに登場するタカとアキとハルは、観察の中では10月頃から一緒に遊ぶ姿がよく見られるようになっていました。アキとハルは双生児であることから、それ以前から一緒に行動する姿が見られました。この時期の観察記録における観察者と先生方の言葉では、この3人について「傍観者っぽい」「ガァーっとしていない」というように3人の共通点が表現されていました。このことからも、この3人は、他児に比べてあまり強く自己主張しない感じや、前へ前へと出ていくよりは一歩引いた感じが共通点となって、気の合う居心地のよい関係を築いているように思われました。

また、この事例Bが見られた観察日の話合いでは、先生方は「アキとハルとタカはいい力関係」とも語っており、リーダー的な存在の男児に対してはフォロワー（追従者）的になりがちな3人も、彼ら3人の関係の中では対等に自己発揮できる関係であったといえます。したがって、この事例Bの時期の彼らは、事例Aのタカとシン同様に、ある程度持続した仲間関係を形成していたといえます。

この事例の前半では、タカとアキとハルは同じクラスの男児を怪獣のように見立ててふざけて盛り上がっていました。このことから、3人の間にはふざけに伴う楽しい気分やイメージの共有という心理的な共同性が成り立っていたと考えられます。しかし、そのふざけが途切れたことで、3人の間のふざけに伴う共同性は希薄になったといえます。その後、タカが新しい上履きに注目してもらいたい気持ちからかアキに対して「新しい上履きだから」と言って靴を床に滑らせる動きをした（B1）ことから、タカとアキの間には「滑る」という発話（B2）や、その発話に誘発されたと思われる寝転ぶ動き（B3）とそれにつながる何らかのイメージが共有されていたと考えられます。

一方で、タカの「新しい上履きだから」という発話や、タカとアキの床に寝そべる動きが生じたときに、ハルは2人とは異なる方向を見ていました。このため、ハルは2人の「滑る」に関連していると思われる寝そべる遊びには乗り遅れてしまっていました。つまり、タカとアキの間には「滑る」という発話に誘発された寝そべる動きを共有する（B3）という共同性があったけれども、ハルはその「蚊帳の外」にいたといえます。しかし、にもかかわらず、廊下に寝そべっているアキとタカを見たハルは、すかさず自分も2人と同じように腹ばいに寝そべるという同じ動きをしています（B4）。この点に**事例B**の特徴があります。

事例Aでは、仲間意識と共に特定の活動と快の情動を共有することとの連続の中で他者と同じ動きをすることが見られました。一方で、**事例B**では、他者と同じ動きをすることに先行して共有されていたふざけの楽しい気分は、**事例B**の後半でタカとアキとハルが床に寝そべる動きをする前にいいったん解消していました。かつ、ハルに関しては、タカとアキが床に寝そべるきっかけとなったと推測される「（新しい上履きは）滑る」というイメージも共有していませんでした。したがって、ハルがタカとアキを見て床に寝そべった（B4）ときには、ハルと彼ら2人との間には共有する活動や情動はなく、しかし仲間意識だけはあったと考えられます。

また、観察者は、ハルが床に寝そべる様子に対して「あ、ぼくも寝そべらなきゃ」というようなハルの「心の声」が聞こえてくるような印象をもちました。言い換えると、「仲間であることは同じ動きをすることである」という不文律が彼の行動の背後に働いているように感じられました。

したがって、ハルには他者と同じ動きをすることに重なる具体的な活動や情動の共有が希薄であったこと、この時期の3人が仲間関係を形成していたことから、事例Bは、仲間意識の共有だけであっても、それは他者と同じ動きをすることに重なるものであることを示唆しているといえます。つまり、仲間意識は他者と同じ動きをすることの誘因になるといえます。

3　一過性の遊び仲間として、同じ動きをする

前述の事例Aと事例Bにおける子どもの仲間関係は比較的安定し、持続したものでした。しかし、次の事例Cは、持続的な仲間関係だけでなく、ある特定の場所と時間に限定された一過性の仲間関係においても、仲間意識の共有が他者と同じ動きをすることに重なることを示しています。

事例C　滑り台走り（4歳児クラス、11月16日）

遊戯室で、跳び箱と滑り台を組み合わせて作った小さな滑り台の上に、シンが「ライリック、ライ」と言いながら乗る。シンは両手を広げて、滑り台の近くにある積み木の基地にいるテソやカズたちのほうを見る。

シンは滑り台の上に立って「ライライ、ラーイ」と何かのキャラクターのふりをするように両手

イラストC2　シン（右から２人目）が滑り台を降りると、テソ（左端）も滑り台を降り出す（左）

を広げてポーズを取る。

テソがシンのいる滑り台に寄ってきて、「いーれーて」とシンに言う。シンは後ろを振り返って、跳び箱の上に乗ったテソに「いいよ」と言う。

（テソがシンの背中をちょっと押したらしく）シンは「あー、えへー」と楽しそうな声を出しながら、滑り台の斜面を走って降りる（C1）。テソもシンの後について、滑り台の斜面を走って降りる（C2）。

この事例Cが生じる前は、シンは遊戯室の端で他の男児たちと「ミニ四駆」作りを、テソは遊戯室の別の場所で他の男児たちと戦いごっこをしていました。その後、「ミニ四駆」を走らせるコースとして置いてあった巧技台の滑り台にシンが登り、そこにテソが寄ってきて事例Cが生じました。事例中で、テソが「いーれーて」とシンに言い、シンが「いいよ」応えていることから、この事例の後半では、シンとテソはお互いを一緒に遊ぶ仲間として意識していたといえます。

事例Cに登場するテソは9月末に入園した男児でした。事例Cの時期には、テソは同じクラスのトモと一緒に遊びたがる姿がよく見られましたが、この日はトモが幼稚園を休んでいたために、テソは他の男児と戦いごっこをしたり、他の男児の遊びにちょっかいを出したりして遊んでいました。テソはこの時期には、トモ以外で特定の子どもと一緒に遊びたがるような言動はなく、好きな戦いごっこのふりをして、同じクラスの誰に対してもちょっかいを出しているような印象でした。更に、この場面以降、シンとテソが一緒に遊んでいる姿は見られなかったことから、事例Cにおけるシンとテソの関係は、事例Aや事例Bで見られたある時期を通じた持続的な仲間関係ではなく、この事例の場面のみの一過性の仲間関係であったといえます。

事例Cでは、シンが滑り台の斜面を走って降りる（C1）と、テソも続いて滑り台の斜面を走って降りる（C2）という他者と同じ動きをすることが見られます。この事例で興味深いことは、その場限りの仲間関係であったとしても、事例Bと同様に、仲間であること自体が他者と同じ動きをすることの動因となっていると考えられることです。なぜならば、事例Cでは、テソの「いーれーて」をシンが「いいよ」と受け入れた直後に、シンとテツの間で同じ動きをすることが生じているからです。したがって、同じ動きが生じる直前には、シンとテツの間には同じ動きをすることにつながる、具体的な特定の遊びに一緒に参加しているという活動としての共同性や、楽しさなどを共に感じているという心理的な共同性はほとんどない状態だったといえます。

一方で、この**事例C**でテツがシンと同じ動きをしたことについて、シンが滑り台を走って降りることの楽しさにテツが共鳴・共振して、テツも滑り台を走って降りたという解釈も考えられます。しかし、滑り台を走り降りるシンの「あー、えへー」という声が、**事例A**でのシンの笑い声のように楽しい気分を表したものではなく、テツがシンを押したことに対する驚きをデフォルメしたかのような抑揚のない声であったことや、シンが滑り台を走って降りた直後にテツも走り出したというタイミングを考慮すると、シンが滑り台を走って降りることの楽しさや面白さをテツが感じて同じ動きをしたとは考えにくいといえます。むしろ、テツにとってはシンの動きをすること自体が半ば目的化していたのではないかと考えられます。したがって、**事例C**でのシンとテツの間で生じた他者と同じ動きをすることは、その直前に成立したシンとテツとの仲間関係に密接に関わっていると考えられるのです。

このように考えた場合、**事例B**と同様に**事例C**においても、幼児の仲間との関わりにおいては、「仲間であることは同じ動きをすることである」という不文律のようなものが存在していると考えられます。「ぼくたちは一緒に遊ぶ仲間だ」という仲間意識は、目に見えないものです。そのため、他者と同じ動きをすることは、仲間意識を自他共に現実感をもって共有するための実在的な支えとなっていると考えられます。なぜならば、他者と同じ動きをすることは、内受容的な身体感覚を通して自分自身に、かつ視覚を通して他者に、実在感をもって感じられるからです。

4　仲がよくない相手に向けて、同じ動きをする

以上の事例A～Cは、いずれも他者と同じ動きをすることが、それが持続的なものであれ一過性のものであれ、既に成立している仲間関係のメンバーにとってお互いに仲間意識を共有していることを示す機能を果たしているといえます。これに関連して、次の事例Dは、他者と同じ動きをすることが仲間関係の外部に対するアピールとなることを示すものです。

事例D　「バリヤ」（4歳児クラス、9月1日）

遊戯室で積み木を細く2段に重ねたものにシンとノブが前後してまたがっている。そのそばにブロックの銃を持ったカズが立っている。

カズが「宇宙船?」「ウチ?」とシンたちに何ごっこをして遊んでいるのか尋ねるが、シンたちは「教えてあげないもんねー」と言い、何ごっこをして遊んでいるのか教えない。カズが「鉄砲で撃ってやる」とシンたちにブロックの銃を向けて近付いた後、シンたちのそばを通り過ぎて遊戯室

イラスト D2　シン（右）とノブ（中央）が共にカズ（左）に対して両腕を交差させ「バリヤ」と言う

の端の棚の前に行く。

シンがカズのほうを向いて「バリヤ」と両手を顔の前で交差させる（D1）と、ノブもカズのほうを向いて両手を顔の前で交差させて「バリヤ」と言う（D2）。シンは棚の中から長くつなげたブロックを取り、少し笑って「バリヤって言うなよ」と言いながらシンとノブのそばに寄ってくる。

この事例Dの前半では、積み木にまたがっているシンとノブに、カズが「宇宙船?」などと尋ねています。Corsaro（1979）の幼児の仲間入りに関する研究では、進行中の遊びについて尋ねることは仲間入りの方略の一つとされています。したがって、カズはシンたちの遊びに加わりたい気持ちをもっていたと考えられます。しかし、シンたちは「教えてあげないもんねー」とカズに応えており、カズの仲間入りをやんわりと拒んでいます。その後、カズがブロックの銃をシンたちに向けると、シンたちは「バリヤ」と言ってカズの攻撃を防御するふりで応えています。したがって、事例Dに登場する子どもたちの関係は、シン・ノブ対カズという対立的な構図になっているといえます。

事例Dに登場するシンとノブは、1学期から男児4名ほどのグループで一緒に遊ぶ姿が多く見られました。この事例が見られた日は2学期の始業式の日で、クラスには久しぶりに会う緊張感と嬉しさの入り混じった雰囲気が感じられました。その中で、登園して間もない時間帯にシンとノブが一緒に遊び始めていることから、この2人の間には1学期以来の仲間意識や久しぶりに会った嬉しさによる結び付きがあったと考えられます。

一方のカズは、1学期からシンと一緒に遊ぶ姿も見られましたが、他児との関わりにおいて一方的になってしまうことがあったことも影響して、シンやノブと遊ぼうとしてもうまくかみ合わなかったり、仲間入りを拒まれたりする場面がしばしば見られました。したがって、事例Dの背景として、そのような1学期からの仲間関係の影響があったと考えられます。

ただし、この事例の後の場面ではノブとカズは一緒に宇宙船ごっこやウルトラマンごっこをして遊んでいたこと、この事例Dがいざこざに発展しなかったことを考慮すると、この事例における「シン・ノブ対カズ」という構図は、この場面に限って、シンとノブが「仲間であるぼくたち（シン・ノブ）」と「仲間でない子ども（カズ）」をごっこ遊びの文脈をなぞりながら線引きしたものであるともいえます。

事例Dでは、カズに対してシンが両手を顔の前で交差して「バリヤ」と言うと（D1）、ノブも同様に両手を交差させる（D2）という他者と同じ動きをすることが見られます。この動きは、カズが「鉄砲で撃ってやる」と言ってブロックの銃を2人に向けたことに対する防御のイメージを表したと考えられます。カズの「鉄砲で……」という発話とふりは戦いごっこという遊びにおけるものと考えることもできますが、その直前にシンたちから彼らが何の遊びをしているか「教えてあげない」と拒まれていることを考慮すると、カズのこの行動は仲間入りを拒まれたことを、戦いごっこの文脈に転換してシンたちに対する不満を表明したものと解釈できます。したがって、カズのその行動に対するシンとノブの行動もまた、カズの仲間入りを拒んだことに関連して、カズへの対抗心と、シンとノブの間の仲間意識を反映したものであると考えられます。

シンとノブが両手を交差するという同じ動きをする以前に、積み木に前後してオートバイの2人乗りのようにまたがっていること、カズに彼らが何をしているのか教えてあげないことなどを考慮すると、彼らの両手を交差するという同じ動きは、彼らの仲間意識の表出として考えることができます。特にこの事例Dの場合には、彼らの仲間意識は、彼らが仲間意識を抱いていないカズの存在によってより強く意識されたとも考えられます。

このことから、この事例Dにおけるシンとノブの同じ動きは、仲間関係のメンバーである自分たち自身に対して「ぼくたちは仲間だよね」と確認するものであると同時に、仲間関係の外部にいるカズに対して「ぼくたちは仲間だけど、君は違う」というメッセージを示すものとなっていたと考えられます。したがって、この事例Dからは、他者と同じ動きをすることは、仲間関係に属するメンバー同士だけでなく、その関係に属さない外部の他者に対して、仲間関係を示す機能を担っているといえます。

ここで重要な点は、事例Dに見られるように、他者と同じ動きをすることが外部の他者に対して仲間関係を示す機能を担うには、動きが同じであるだけでなく、動きが向けられる対象も同一でなくてはならないということです。もしこの事例Dで、シンに続くノブの動きがカズではない別の誰かに向けられていたとしたら、その動きはシンとノブの仲間関係を外部（カズ）に対して十分に証明するものとはならなかったのではないかと考えられます。つまり、他者と同じ動きをすることが、仲間関係を外部に対して示すものである場合には、動きの型だけでなく、動きが向けられる対象（方向）も共有されていなくてはならないといえます。

5 まとめ：仲良しであることと同型的行動

身体を媒介とする同型的行動として、子どもが他者と同じ動きをするという現象に焦点を当て、幼児の仲間関係と他者と同じ動きをすることとの関連を考察してきました。具体的な事例の考察から、幼児の仲間関係と他者と同じ動きをすることとの関連について、以下のようにまとめることができます。

1）持続的な仲間関係にある子ども同士は、身体が表出する情動価（vitality affect）を互いに感受して共鳴・共振する状態が生じやすく、それが素地となって他者と同じ動きをする（事例A）。

2）他者と同じ動きをする際に、具体的な活動やそれに伴う情動の共有が希薄であっても、自分と相手が仲間であるという仲間意識の共有が、他者と同じ動きをすることにつながる（事例B）。

3）持続的な仲間関係ではない一過性の仲間関係であっても、子どもが相手を仲間と感じる仲間意識によって、子どもは他者と同じ動きをする（事例C）。

4）仲間意識の共有として他者と同じ動きをすることは、仲間関係内部のメンバーだけでなく、その関係に属さない外部の子どもに対しても仲間関係を示す機能をもつ。その場合には、動きが同じであるだけでなく、動きが向けられる対象（方向）も同じでなくてはならない（事例D）。

以上から、幼児の仲間関係においては、他者と同じ動きをすることは仲間意識の共有に重なり、他者と同じ動きをすることが仲間意識を示す機能をもつといえます。

また、相互作用の媒介としての身体の動きの特徴を考えた場合、他者と同じ動きをすることは、対人コミュニケーションの基底となる身体の情動価（vitality affect）の表出と感受を基盤としていると考えられます。身体をもった者同士として直接対面するコミュニケーションは身体が発する様相を感受し合うものであると考えられることから、身体を媒介とする相互作用を特徴付けていると考えられます。また、身体は、他者と同じ動きをする自分自身にとっては内受容的な身体感覚を通して、他者にとっては視覚を通して、仲間意識に実在感を与えると考えられます。

近年の「ミラーニューロン」（Rizzolatti & Sinigagalia, 2009）の知見は、自分で行動することと他者が同様の行動をすることを見ることとは同一の神経細胞に関連することが指摘されています。したがって、まだ仮説的段階に留まるものの、他者と同じ動きをすることは、模倣する側と模倣される側双方にとって、相手と類似する身体感覚の経験を脳細胞のレベルで引き起こしている可能性も示唆されます。これらの媒介としての身体の特徴から、他者と同じ動きをすることは、仲間意識の共有に重なるものとなると考えられます。

なお、先行研究では、子ども間で模倣などの同型的行動が顕著であるのは3歳頃まで（中野, 1990）で、4歳以降はネガティヴな意味を担う（遠藤, 1995）とする指摘があります。しかし、本研究の結果からは、言語的なやり取りが活発になる4歳以降の時期において同型的行動が見られ、仲間関係においてポジティブな意味を担い、同型的行動は子どもの仲間関係の形成、維持に重要な機能をもち続けているといえます。

二　ごっこ遊びのイメージの共有としての同じ動き

幼児期の遊びの中でも、ごっこ遊びは「幼児期の遊びの頂点」（高橋, 1984）といわれます。ごっこ遊びは、物を現実とは異なる物に見立てたり、現実の自分とは異なる役のふりをしたりして、虚構の世界を楽しむ遊びです（今井, 1992）。

仲間関係の発達とごっこ遊びとの関連については、ごっこ遊びでは役決めや状況設定をめぐって他者と意見を調整する必要があることから、ごっこ遊びはコミュニケーションスキルなど社会性の発達に寄与することが指摘されています（Rubin, Bukowski, & Parker, 2006）。また、ごっこ遊びは一定のテーマを複数の子どもたちが共有し、それに適した発話や動きをする必要があります。したがって、共通のテーマの下で、複数の子どもが現実とは異なるイメージを表現し合いながら進行するごっこ遊びにおいても、同型的行動が何らかの機能を担っていると考えられます。

Garvey（1977/1980）は、ごっこ遊びにおける発話や動作の構成要素を「役割」「プラン」「物」「状況設定」に分類しています。これらの要素は、身ぶりや表情、声色などの様々な身体の動きによって表現されるものであることから、ごっこ遊びにおいて身体の動きは、ごっこ遊びの成立にとって必要不可欠な媒介であるといえます。

そこで本節では、特にごっこ遊びにおける、子どもが他者と同じ動きをすることとその機能を明らかにしたいと思います。

本節における他者と同じ動きをすることとの定義は、同じごっこ遊びに参加している子ども同士の間で生じたものとし、前節と同じ以下のa）～e）の全ての要件に当てはまるものとしました。

a）身体の動きが先行する動きとほぼ同じである。

b）2人以上の子どもの間で同じ動きが時間差をもって繰り返される。

c）後から同じ動きをする子どもが、その動きをするように指示されたり、動きを誘導されたりしていない。

d）身体の動きが、遊びの内容や用いられている遊具などの制約を受けていない。

e）偶然に身体の動きが一致したのではなく、子どもたちの空間的位置やタイミングなどから、後続の同じ動きをした子どもが先行する子どもの動きを見ていたと推測される。

なお、幼児期後半によく見られる戦いごっこでの、ヒーローらしいポーズを決めて静止する、パンチをするように腕を前に出す、キックをするように足を蹴るなどの戦いごっこのオーソドックスな動きについては、分析の対象外としました。これは、戦いごっこにおける動きが、テレビ番組の影響や過去の戦いごっこの体験から、事例の場面以前から子どもが身に付けているものを複数の子どもが再現しているに過ぎないのか、a）～e）の条件に当てはまるものであるのかの判別が難しいためです。また、相互作用の媒介としての身体の動きの機能がより明瞭に分かるように、本研究では戦いの武器やままごとの道具などの物を含めて他者と同じ動きをする事例も取り上げていません。更に、ごっこ遊びの中で誰かが走り出すと他の子どもも同じ方向へ走り出すなど、単なる場所の移動としての同じ動きも取り上げていません。

これらの定義に当てはまる事例のうち、観察で撮影した映像において、身体の動きが鮮明で、前後の文脈と遊びのイメージが特に明確と思われる事例を挙げ、ごっこ遊びにおけるイメージの共有と他者と同じ動きをすることとの関連を考察したいと思います。

1 具体的イメージを表現する同じ動き

事例E 「かんせーい」(4歳児クラス、5月18日)

遊戯室で、ナオとノブとシンとタカの4人で、積み木をたくさん並べて宇宙船を作る。シンとタカが、廊下の積み木置き場から遊戯室に長い積み木を2人で運んできて、宇宙船に積む。ナオが「おーい、これで完成」と片手を耳に当てて言う(E1)。すかさずノブも「かんせーい」と両手を腰に当てて言う(E2)。シンはノブのほうを見て「おーい」と両手を腰に当てて言う(E3)。

イラスト E2　ナオ（右端）が「おーい、これで完成」と言うと、ノブ（右２人目）が「かんせーい」と両手を腰に当てて言う

イラスト E3　シン（左端）が「おーい」と両手を腰に当てて言う

事例Eが見られた時期は、事例に登場するナオ、ノブ、シン、タカが一緒に遊ぶ姿がよく見られました。この事例Eは、その時期に4人が遊戯室で積み木を使って宇宙船を作っている中で生じたものです。この事例Eの時点で、廊下の積み木置き場にあった積み木のほとんどは宇宙船として積まれており、シンとタカが運んだ積み木はおそらく「最後の1個」だったようでした。そのため、ナオが「おーい、これで完成」（E1）と他の3人に声をかけたと思われます。

この「おーい、これで完成」という発話は、Garvey（1977/1980）によるごっこ遊びの構成要素の分類のうち「状況設定」に当てはまります。この発話は、宇宙船の完成形という明確なイメージに裏付けられたものであるというよりも、廊下の積み木置き場にあった積み木をほぼ全て積んでしまったという状況の中でナオが判断して発したものであると考えられます。したがって、この発話は、宇宙船ごっこの状況設定に関するイメージを表したものであるといえます。

ノブはこの時期には一緒に遊んでいる子どもたちの注意をまとめるように、かつ自分を鼓舞するように少し大げさに何かの役になりきったような話し方をすることがあり、E2の「かんせーい」という発話と動きには、ノブのそうしたムードメーカー的な特徴が表れているといえます。また、ノブの「かんせーい」という発話と両手を腰に当てる動きは、宇宙船を作る過程でナオのことを「隊長」と呼んでいたことに通じる軍隊の号令のような言い方でした。

この事例Eでは、男児たちの中でリーダー的存在であるナオが「おーい、これで完成」と言うと（E1）、それに応えるようにノブが「かんせーい」と両手を腰に当てて言い（E2）、更にシンが

「おーい」と両手を腰に当てて言う（E3）という、同じ発話と動きの繰り返しが3人の間で見られます。ここで興味深いのは、「宇宙船完成」というナオから発せられたメッセージの、ノブからシンへの伝わり方です。

事例Eでは、ノブの威勢のいい「かんせーい」の発話に応える形で、シンは「おーい」と声を出し、ノブと同じように両手を腰に当てる動きをしています（E3）。これは、シンもまた宇宙船の完成を了解したことを表すと同時に、その了解がそのメッセージに伴う動きも含めた形でなされていたことを示しています。つまり、シンは「完成」という言葉は発していませんが、ノブと同様に両手を腰に当てる動きをすることによって、ノブが表した「宇宙船完成」というイメージを自分が了解したことを示していると考えられます。したがって、「宇宙船完成」というイメージは、「完成」という発話だけでなく、その発話に伴う身体の動きと密接に結び付いていたといえます。

無藤（1996e）は、幼児がレストランごっこの中で、「ちょっと、お待ちください。カレーライス、ピッ」とファミリーレストランでウェイトレスが注文を受ける動作を再現したという事例から、「動きは記憶されたものから生まれるのだろうが、大事なことはそれが身振りとして模倣の形になっている」ことであり、「思い起こすことは身倣いの過程」（p.14）であるとしています。この指摘は、ごっこ遊びで演じられるイメージを身体の動きが支えるものであることを示しています。無藤（1996e）の知見は、子どもの実体験に即したイメージが再現される場合を問題にしています。

一方でこの**事例E**では、宇宙船ごっこという架空の設定における子ども間でのイメージの伝播と共有が問題になっています。イメージの再現においてイメージを支えるものが身体の動きであるならば、経験とは離れた架空のイメージの伝播と共有に際しても、身体の動きが重要な役割を果たしていると考えられます。言い換えると、事例Eにおけるイメージの伝播と共有は、他者の身体が表出したイメージを自分の身体で再現する過程であるともいえます。したがって、イメージの再現だけでなく、イメージの伝播と共有においても、イメージは身体の動きと一体として捉えることができます。

また、更に注目すべきことは、「宇宙船完成」というイメージがナオたちの間で伝播し共有されていく際の発話が、「宇宙船の完成だよ」→「うん、分かった」という相補的な形式ではなく、「これで完成」→「かんせーい」（両手を腰に当てる）→「おーい」（両手を腰に当てる）というように、同型的な発話と身体の動きの連鎖となっていることです。これは、前節で指摘した、「共鳴・共振」する身体のありように通じるものです。この観点から、ナオとノブの間で「完成」という発話が共有され、ノブとシンの間では「両手を腰に当てる」という動きが共有されていることを重ね合わせて考えるならば、イメージの伝播と共有において発話と身体の動きは等価であり、身体の動きもまたイメージの共有を担っているといえます。

内田（1986）は、ごっこ遊びの状況設定や役割配分などにおいて言葉が重要な役割を担うことを指摘し、「ことばのやりとりだけを聞いても、何がおこっているのかを想像することができる。動作はことばに付随するようになる」（p.102）と述べています。実際、この事例Eでも「宇宙船完成」

というイメージの伝播と共有の開始においては、ナオの発話が決定的な役割を果たしているといえます。しかし、ノブとシンの間では、「かんせーい」という発話ではなく両手を腰に当てる動きが繰り返されていることから、ごっこ遊びにおける身体の動きは言葉に付随するというよりも、むしろ、言葉と同様にイメージの表現の中核を担っていると考えられます。

2 役柄と状況設定を共有する同じ動き

次の事例Fは、個別具体的な役柄（キャラクター）と状況設定の両方に関するイメージの伝播と共有を示すものです。

事例F 「ポケモンだぁー」（4歳児クラス、7月14日）

園庭の鉄棒のところに空き箱を積んだ箱車を置いて、ノブとアキとカズが立っている。ノブが「よし、ポケモンを出そう」と言って、「＊＊（聞き取り不能）ガメ出てこい」と右手を左肩の前に振り上げるようにして言う（F1）。アキも「ヒトカゲ出てこい」と右手を前に、右足を斜め前に突き出して言う（F2）。カズはアキを見て、園庭の真ん中のほうを向いて「出てこい」と言う。ノブは左手の人差し指を立てて左腕を斜め前に突き出しながら「正義の味方」とテレビのヒーローのような決まり文句を言い、両手を下ろして「＊＊戦隊」と跳び上がる（F3）。アキもすぐに

イラスト F5　ノブ（中央）が「ポケモン」とカエルのように跳び上がる

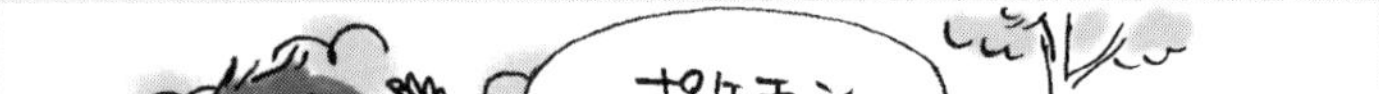

イラスト F6　アキ（左）も「ポケモン」と両手を動かして跳び上がる

ノブと同じように少し足を開いて跳び上がる（F4）。

カズがノブの「＊＊戦隊」の台詞につなげるように「ギンガマン」と声をかけると、ノブは「じゃなくって」と言い、「ポケモン」と威勢よくカエルのように両手の肘を曲げて、ゆるく万歳をするように跳び上がる（F5）。アキもすぐに「ポケモン」と言って、円を描くように両手を動かして跳び上がる（F6）。ノブは続けて「ゼニガメー」と言って円を描くように両手を回しながら跳び上がり、腰を低くしてしゃがむように着地し、「お水ポケモン」と何かをつかむように指を曲げた両手を斜め上に突き出す（F7）。アキは「ヒトカゲ」と言って両手を前に伸ばして回しながら跳び上がり着地すると、連続して跳び上がり「かずポケモン」と言い名ながら両手をぐるっと回して、カンフーの構えのようなポーズで着地する（F8）。

ノブが「行くぞー＊＊」「ポケモンだぁー」とカエルのように両手を曲げて威勢よく跳び上がる（F9）。続けてアキも跳び上がる（F10）。

事例Fは、ノブたちが箱車に空き箱をたくさん積んで、「ゴミ収集車ごっこ」らしきものをしていた延長線上で生じたものです。この直前に、ノブたちは園庭の固定遊具のそばで年長の女児をからかって泣かせたことで、担任の吉田先生から注意を受けていました。この事例Fはその後に、ノブたちが固定遊具から鉄棒の前に移動してきた際に生じたものです。

したがって、冒頭のノブの「よし、ポケモンを出そう」という発話は、それまでの「ゴミ収集車ごっこ」からすると唐突な印象を与えるものでした。この「よし、ポケモンを出そう」という発話は、事例Fの「宇宙船完成」と同様に、ごっこ遊びの「状況設定」(Garvey, 1977/1980)に関する発話であり、この発話からポケモンごっこが始まったといえます。

事例Fに登場する「ポケモン」とは、テレビのアニメ番組「ポケットモンスター」(以下、文中では「ポケモン」とする)及びそこに登場する151種類(事例Fの観察時点での初代ポケモンの数)の可愛らしいモンスターたちの総称であり、その略称です。ノブやアキが口にしている「ヒトカゲ」や「ゼニガメ」は、ポケモンに含まれる個々のキャラクターの名前です。ポケモンは子どもたちに人気があり、観察の中でもしばしば子どもたちがポケモンの話題で会話をしたり、ポケモンのふりをしてごっこ遊びをしたりする姿が見られました。したがって、事例Fの中でノブが「よし、ポケモンを出そう」と提案した後、アキやカズがそれに関連する発話をするなどして応じていることの背景には、子どもたちの間で広くポケモンが認知されていたことがあったと考えられます。

事例Fでは、ノブとアキの間で類似する発話や動きが5回繰り返されています。具体的には、ノブが「**ガメ出てこい」と右手を振り上げる(F1)とアキも「ヒトカゲ出てこい」と右手を前に突き出す(F2)、ノブが「**戦隊」と言って跳び上がる(F3)とアキも跳び上がる(F4)、ノブが「ポケモン」と言って両肘を曲げて跳び上がる(F5)とアキも「ポケモン」と言って跳び上がる(F6)、ノブが「ゼニガメー」と両手で円を描くように跳び上がって着地後に「お水ポケモン」と両手を突き出す(F7)とアキも両手を回しながら跳び上がり着地後に「かずポケモン」

と言って両手を構える（F8）、ノブが「ポケモンだぁー」と両手を曲げて跳び上がる（F9）とアキも跳び上がる（F10）、というものです。

これらの動きは細かく見ると、手足の曲げ方などにおいて多少の相違は見られました。しかし、腕を上方や前方へ動かす、垂直に跳び上がる、着地して手を動かしてポーズをつくるという動きの大まかな輪郭は同じであることから、この事例Fも子どもが他者と同じ動きをすることに当てはまるといえます。

事例Fでは、事例Eと同様に、子どもがイメージを表す際には発話だけでなく身体の動きも伴っており、F4とF10を除いて、ノブとアキの間では発話と身体の動きの両方が繰り返されています。「よし、ポケモンを出そう」というノブの発話に関連するF1、F2の動きがおそらくポケモンの主人公がポケモンを出すためのモンスターボールを投げる動きのふりと思われることから、F5～8のノブとアキの動きは、ポケモンのキャラクターのふりである可能性が高いといえます。

ここで興味深いのは、ノブとアキが「ポケモン」という抽象名詞を発話しながら同じ動きをしている（F5～8）点です。抽象名詞は個々のモンスターを示す固有名詞とは異なり、描写するべき実体をもたない言葉ですが、この言葉に対しても跳び上がるという同じ動きが2人の間に見られること、それらの動きがノブとアキの間でばらばらに生じているのではなく、ノブ→アキの順番で生じていることを考慮すると、事例Fにおける他者と同じ動きをすることは、事例Eと同様に、ごっこ遊びにおけるイメージの伝播と共有に関わっていると考えられます。

しかし、この事例Fでは、イメージに伴う身体の動きが必ずしもそのイメージが指し示すものの描写となっていません。また、ノブとアキが演じる「ゼニガメ」や「ヒトカゲ」のキャラクターと彼らの動きの類似性よりも、ノブとアキとの動きの類似性のほうが高いといえます。ポケモンの個々のキャラクターはそれぞれにユニークな形態と動きの特徴をもっていますが、ノブとアキはそれを、両手を動かす、跳び上がるなどの動きによってのみ演じており、キャラクターごとの差異は感じられません。したがって、ノブとアキの動きは、ポケモンのキャラクターの直接の描写とは考えにくいといえます。このことから、ノブとアキの同じ動きは、キャラクターのふりとはまた別の何らかのイメージの共有であったと考えられます。

事例FのF3とF4でポケモンとは異なる「＊＊戦隊」と言ってノブが跳び上がるとアキも跳び上がっていること、F5とF6でノブアキも「ポケモン」と言いながら両手を動かして跳び上がっていることから、「ゼニガメ」「ヒトカゲ」と異なるキャラクター名を口にしつつも、ノブとアキが共有していたイメージとは、自分たちの動きのふりが「ポケモン」という類に属するものであり、自分たちの遊びは「ポケモンごっこ」であるというごっこ遊びの「状況設定」についてのイメージだったと考えられます。つまり、個々の身体の動きがどれだけキャラクターに似ているかという描写の正確さではなく、2人の間での動きの類似性の高さによって、ノブとアキは彼らが演じているものが同じ「ポケモン」に属するものであることを了解していたことが考えられます。

おそらく、このことの背景に、ポケモンのキャラクターが身体の動きだけでは描写しづらい複雑さや多様性をもっていることがあると考えられます。「ウルトラマン」などの実写映像のキャラクターの場合には、「シュワッチ」や変身する際のポーズなどの誰が見てもそれと分かる特徴的な動きがありますが、アニメでかつキャラクターの種類が多いポケモンの場合にはその動きを身体で表現しづらいといえます。そのため、この事例Fでは、ノブとアキの動きが同型的であることが、自分たちのやっている遊びが「ポケモンごっこ」であることの証しとなったのではないかと考えられます。

なお、事例Fにおけるノブとアキの同じ動きについて、これらはこの事例Fで2人だけが共有していたものではなく、幼稚園の子ども全体が「ポケモンごっこ」をするときに共有しており、2人はそれを行ったという解釈可能性もあります。しかし、事例の冒頭での「よし、ポケモンを出そう」というノブの発話から遊びが始まったにもかかわらず、ノブが「＊＊戦隊」とポケモン以外のキャラクター名を出したときにも、アキがすぐにノブと同様に跳び上がっていることから、この事例Fのノブとアキの動きは「2人のごっこ遊び」を成立させるために共有されたものであると考えられます。

3　まとめ：ごっこ遊びにおける同型的行動

身体を媒介とする同型的行動として、子どもが他者と同じ動きをするという現象に焦点を当て、特にごっこ遊びにおけるその機能を明らかにしてきました。具体的な事例の考察から、ごっこ遊びにおける他者と同じ動きをすることの機能について、以下のようにまとめることができます。

1）ごっこ遊びにおけるイメージは、身体の動きと一体となっており、他者と同じ動きをすることはイメージの共有に重なる（事例E、F）。

2）ごっこ遊びにおいて他者と同じ動きをすることは、個別具体的な役柄（キャラクター）のふり（事例F）だけでなく、状況設定（事例E）やごっこ遊びのテーマ（〇〇ごっこ）の共有にも重なる（事例F）。

ごっこ遊びでは、子どもたちが役の台詞だけでなく、状況設定に関する発話などを巧みに操りながら遊びを展開していきます（Garvey, 1977/1980; 内田, 1986）。ごっこ遊びでは、役になりきっての台詞や状況設定をするための説明など、他の相互作用にはない発話が見られたり、会話自体が遊びとなっていたりするなど、相互作用における発話が活発です。しかし、本研究の結論からは、ごっこ遊びにおける発話は言葉だけに注目していたのでは十分に理解できないことが示唆されます。発話に伴う身体の動きもまた、ごっこ遊びにおけるイメージの伝播と共有を支えていることが示唆されることから、ごっこ遊びの理解では、発話だけでなく、それに伴う身体の動きにも注目することが重要であるといえます。

木下（1998）は、「〃ふり〃理解モードの多重化」（p.169）を提唱し、1歳代のふり遊びに順次異なるモード（様式、形態）が現れることを指摘しつつも、それらのモードは古いものが新しいものへと置き換わるのではなく、発達とともに多重化していくとしています。この知見に重なるように、言語的やり取りが活発になる幼児期後半のごっこ遊びにおいても、身体の動きは発話とともにイメージの表現や共有において重要な役割を維持し続けると考えられます。

なお、本節では、前節と同様に、身体を媒介とする同型的行動として他者と同じ動きをすることに注目しました。したがって、本節で明らかとなったごっこ遊びにおける他者と同じ動きをすることの背景にも、前節で指摘したように、内受容的身体感覚や視覚という身体の媒介としての特性があると考えられます。加えて、前節で詳しく考察した4事例中3事例（事例A、B、D）、及び本節で詳しく考察した2事例中1事例（事例F）で、発話と身体の両方が一体となって複数の子どもの間で繰り返されていました。したがって、異なる媒介である身体と発話が一体となって同型的行動を構成することが多いことが示唆されます。

特にごっこ遊びでは、上述したように発話に伴う身体の動きがイメージの伝播と共有を支えていると考えられます。つまり、異なる媒介でありつつも一体となりやすい特性が、身体の動きと発話に備わっていると考えられるのです。この点は、後の第Ⅶ章において媒介としての発話の特性の検討する中で、更に考察することとします。

第Ⅴ章

子どもが他者と場を共有すること

本章では、特に「遊びの中で他者がつくった場に入る際に場の使い方を教える／教えられる」という現象に焦点を当て、場の共有と他者と同じ動きをすることとの関連を具体的な事例から明らかにしたいと思います。

幼稚園教育要領（文部科学省, 2017）では、子どもは周囲の環境に主体的に関わることによって発達に必要な体験を積み重ねるとしています。この「発達に必要な体験」を身体に焦点化して捉えるならば、それは無藤（1996a, 1997）が「身体知」と呼ぶ、対象と関わる際の動きに習熟した身体、ある場面での適切な動きを遂行する身体の経験であるといえます。無藤（1997）は、身体の動きに代表される幼児の行動の具体性の基本に「特定の場とのかかわり」（p.9）を挙げ、物理的環境としての「場」が子どもに融通性のある行動パターンをもたらすとしています。

子どもが他者と一緒に遊ぶとき、それはほぼ全ての場合において、空間的に接近し、一つの場に集まることを意味します。遊びの中で「場を共有する」とは、「身体の接近」と「一緒に遊ぶ」という二重の意味をもつ現象であるといえます。このことから、遊びの中で子どもたちが場を共有するという現象に注目することで、子どもが他者と一緒に遊ぶ際の具体的な身体知に迫ることができると考えられます。

また、無藤（1997）は、幼児の積み木遊びがごっこ遊びとして展開する場合に、身体の動きが物の独自な形から離れ、形では規定できない想像が行われることを指摘しています。佐藤（2008）も、遊びの世界では、道具に与えられている固有の意味に限定されない新しい意味付けが子どもによって行われ、仲間同士でそれを了解するようになるとしています。

幼児教育・保育の遊びの中で子どもが場をつくる場合は、そのほとんどにおいて、何らかの見立てやごっこ遊び（例えば、家、宇宙船など）が行われます。したがって、子どもが場をつくって他者と一緒に遊ぶ場合には、そこで使用されている積み木やブロックなどの物それ自体の性質に準じた関わり方以上に、物それ自体の性質から離れたイメージを共有しそれに応じた動きをすることが求められます。その意味で、子ども自身がつくった場に注目することは、物理的特徴だけでなく、それに付与されたイメージやルールの共有を、身体の動きとして具体的に捉えることにつながるといえます。

また、同型的行動の観点からは、場の共有に注目することによって、物を介した子どもが他者と同じ動きをすることに注目することが可能となります。前述のように、場を共有することは、場を構成する物の物理的特徴だけでなく、それに付随するイメージやルールを共有することでもあります。第Ⅳ章で明らかとなったように、他者と同じ動きをすることはイメージの共有に重なることから、場の共有においても他者と同じ動きをすることが何らかの機能をもつと考えられます。

一　場の共有と他者と同じ動きをすること

一口に「場」と言っても、それは幼児教育・保育の実践の至るところに存在し、その種類も様々です。本章では、特に子どもが積み木などを使ってつくった場に注目します。なぜならば、基本的に空間や遊具をみんなで共有することが前提となっている集団保育施設において、子ども自身でつくった場は、子ども自身が空間を区切り構成したものであることから、他の場に比べて場の内と外に対する意識が明確となり、場を共有するということが具体的な行動として現れやすいと考えられるからです。

本章では、積み木等による物理的な場所に複数の子どもが存在し、何らかのルールやイメージを共有して共に活動することを「場を共有する」の定義とします。また、本章の遊びの中で他者がつくった場に入る際に、場の使い方を教える／教えられることの定義は、以下のa）〜c）の全ての要件に当てはまるものとします。

a）積み木などで子ども自身が場をつくったり、つくった場で遊んだりしている。

b）場をつくったり先に遊んだりしている子ども以外の子どもが場に寄ってくる。

c）場に寄ってきた子どもが、場をつくったり先に遊んだりしている子どもに場の使い方を質問する、もしくは、場をつくったり先に遊んだりしている子どもが場の使い方を教える。

これらの定義に当てはまる事例のうち、分析対象とした、遊びの中で他者がつくった場に入る際に、場の使い方を教える／教えられる17の事例中、観察で撮影した映像において、身体の動きが鮮明で、前後の文脈が特に明確と思われる事例を挙げ、場の共有と他者と同じ動きをすることの関連を考察したいと思います。

事例G　「こっからのぼって」（4歳児クラス、6月8日）

遊戯室でヒデが、アキの作っている積み木の家に腰かけて、積み木ごとしりもちをついて、積んであった積み木が崩れる。アキは「何してんだよ、ヒデ」と怒る。アキは「ここはヒデくんのお家じゃないんだからね」と言う。

しばらくして、アキが積み木の家に積み木を運んでいると、ヒデは「教えて＊＊（聞き取り不能）」とアキに駆け寄って行く（G1）。アキは「ヒデくん、ここ、分かんないの？」「ここは……」とヒデに言いながら積み木を積む。ヒデが廊下へ出て行くと、アキは「できたよ」とヒデを呼びに行く。

ヒデが「入れて」、アキが「いいよ」と言いながら2人が廊下から遊戯室に戻ってくる。ヒデが「どうすんの？」と聞く（G2）と、アキは「こうやってねー」と言いながら積み木の上に立つ（G3）。

ヒデも積み木の上に立つ（G4）と、アキは「ここじゃない、ここじゃない」と言ってヒデをいったん積み木の上から降ろす（G5）。アキは「降りて、また、こっから登って」と自分と同じ場

イラスト G5　アキ（右）は、ヒデ（左）を積み木の上から降ろす

イラスト G7　アキ（左）が四つ這いで積み木に登ろうとすると、ヒデ（右）も後ろに続く

所から登るようにヒデに言う（G6）。

　ヒデはアキが指示した場所から積み木に登る。アキが四つ足で這って積み木に登ろうとすると、ヒデもアキの後ろで四つ足になる（G7）。

　アキが積み木を動かして積み木の家を手直ししている間、ヒデは積み木の家のそばに座っている。ヒデが「もういいかい」と言うと、アキは「もういいよ」と応える。アキは「ここに乗っかってごらん」とヒデに積み木に座るように促す。ヒデが「どっから出る？」と尋ねると、アキは「知らない」と言う（G8）。ヒデは「教えて、どっから出るのか」と言う（G9）。

　アキは「ヒデくん、ここ難しいや」と言って、積み木を2個ぐらい積んだ高さから飛び降りる（G10）。アキは「ヒデくんにはまだできないね」「難しい」「落っこちちゃう」と言う。ヒデはアキが飛び降りたのと同じ場所に登る（G11）。ヒデが飛び降りることができないでいると、アキはヒデに「ピョンピョン」「ピョンして」と声をかけて、ヒデの手を取ってヒデが積み木から降りるのを手伝う（G12）。積み木から降りたヒデはアキに「マル？」と尋ねる（G13）。

1　遊びへの仲間入りとしての場の使い方を教える／教えられること

事例Gで、アキが作った積み木の家に寄ってきたヒデはG1で「教えて＊＊」とアキに声をかけています。この前の場面で、ヒデがアキの積み木の家に腰かけていたこと、この後の場面でヒデがアキに「入れて」と言っていることから、この「教えて」というヒデの発話は、ヒデがアキの作った積み木の家に関心をもち、積み木の家のごっこ遊びに参加したいという気持ちを示すものであったといえます。一方のアキも、この発話の後に廊下に出ていったヒデに「できたよ」と声をかけ、ヒデの「入れて」に「いいよ」と応えており、アキもヒデの「教えて」という発話を仲間入りの意味をもつものとして受け止めていたと考えられます。

G1のヒデの「教えて」という発話は、「〜を」という目的語が抜けており（観察者には聞き取り不能）、ヒデが何を教えてほしいと思ったのかは明確ではありません。しかし、その後のヒデとアキの関わりの中で、ヒデはアキに積み木の家の仲間入りを認められた直後に「どうすんの?」と尋ねており（G2）、ヒデの「教えて」は積み木の家にどこから入り、どこから出るのか、どこに座るのかといった積み木の家の使い方に関する発話であると解釈できます。また、ヒデの「教えて」という発話に対しアキは「何を?」と聞き返しておらず、ヒデに「どうすんの?」と尋ねられてすぐに「こうやってねー」と積み木の家に登りながら答え（G3）ています。更に、その後のアキのヒデに対する発話も「ここじゃない、ここじゃない」（G5）や「降りて、また、こっから登って」（G6）など積み木の家の使い方に関わる内容であり、ヒデもその指示をすんなり受け入れて行動しています。したがって、これらの一連のヒデとアキのやり取りからも、ヒデの「教えて」が積み木の家の使い方を尋ねるものであることが傍証されます。

このことから、子どもがつくった場の使い方を教える／教えられることは、子どもがその場の遊びに参加することと結び付いているといえます。進行中の遊びについて質問することは、幼児の仲間入りの方略の一つであり（Corsaro, 1979; 倉持, 1994; 松井・無藤・門山, 2001）、他の同様の遊びの中で他者がつくった場に入る際に、場の使い方を教える／教えられる事例の全てでも、場の使い方を指示することや質問することは、遊びに仲間入りしようとすることや他の子どもを自分の遊びに誘うことと共に生じていました。したがって、場の使い方を教える／教えられること自体が遊びへの仲間入りを承認し、仲間入りを働きかける機能をもっているといえます。

2 子どもがつくった場における「製作者／先行専有者による指示・決定の原則」

事例Gでは、ヒデが「教えて」（G1）、「どうすんの?·」（G2）、「教えて、どっから出るのか」（G9）など積み木の家の使い方をアキに尋ねています。これと同様に、他の分析対象とした全ての遊びの中で他者がつくった場に入る際に、場の使い方を教える／教えられる事例でも、全事例に共通して、使い方を指示する、あるいは使い方の質問に応えるという場の使い方を教える立場にあるのは、「場をつくった子ども／先に場にいた子ども」でした。更に、他の遊びの中で他者がつくった場に入る際に、場の使い方を教える／教えられる事例でも、事例Gのように、その場の使い方の指示に従ったり、質問に答えたりする反応が見られました。

場の使い方に関する「質問・指示への反応」が肯定的であった場合には、いずれも「一緒に遊ぶ」という肯定的な展開が見られました。その一方で、指示に従わなかったり、質問に答えなかったりする事例ではいずれも、場から離れたり、トラブルになったりするなどの否定的な展開が見られました。このことから、子どもがつくった場では、場をつくった子ども／先に場にいた子どもに場の使い方を決めたり指示したりする権利があり、後からその場に参加する子どもはそれに従わなくてはいけないという暗黙の原則が子どもたちの間に存在しているといえます。

幼児の物をめぐるいざこざや物の所有に関しては、先にそれを持っていた子どもにそれを使う権利があるという「先行所有のルール」(遠藤, 1995; Bakeman & Brownlee, 1982) の存在が指摘されています。また、先に物を持っている子どもの意図を尊重し、他の子どもが先に持っている物を交渉なしに取らないという「『先占の尊重』原則」(山本, 1991) の存在も指摘されています。

本章で焦点を当てている「子どもがつくった場」を所有された物の集積として捉えるならば、本章の事例が示す「場をつくった子ども／先に場にいた子どもに、場の使い方を決めたり指示したりする権利がある」という原則(以下、「製作者／先行専有者による指示・決定の原則」と記す)は、これらの先行研究が指摘する幼児の物の所有に関する原則に通じると考えられます。つまり、他の子どもが先に持っている物はその子どもに所有と使用の権利があるため、それを交渉なしに取らないのと同様に、他の子どもがつくったり先に使ったりしている場は、その子どもに使い方を決めたり指示したりする権利があり、それに従うことなしにその場に参加しない（できない）という原則が、子どもたちの間で共有されていると考えられます。

他の遊びの中で他者がつくった場に入る際に、場の使い方を教える／教えられる事例の中には、後からやってきた子どもが遊びに参加するのを拒む場合に、場をつくった子ども／先に場にいた子どもが「1個でも壊したらダメ」「座っちゃダメ」というような、相手にとって受け入れがたい、不都合な場の使い方を指示する事例もありました。これはその場にいるメンバー全員に共通のものではなく、後からやってきた子どもに対してのみ指示されていました。このような、相手にとって不都合な場の使い方を要求することができるのは、「製作者／先行専有者による指示・決定の原則」が子どものたちの間で共有されているからこそ生じるといえます。

このことを裏付けるように、そのような事例では、不都合な場の使い方を指示された子どもは不満を表面することはあっても、概ね反論せずにその指示に従っていました。つまり、不都合な場の使い方を指示された子どもは、場をつくった子ども／先に場にいた子どもが不都合な指示をすること自体には疑問を呈していなかったのです。

また、観察した幼稚園では、仲間入りをめぐるいざこざの際には、保育者は場に入るための条件を提示することや、それを質問することを子どもたちに促していました。保育者は理由もなく仲間入りを拒むことは受容しない一方で、場をつくった子ども／先に場にいた子どもに場の使い方に関連する仲間入りの条件を教えることを促していました。保育者も子どもたちと同様に、場をつくった子ども／先に場にいた子どもに場の使い方を決める権利があるという原則を共有していたといえます。このことは、保育者自身が子どもたちのつくった宇宙船に入る際に、入口などについて質問している事例からも傍証されます。このような保育者の行動によって、「製作者／先行専有者による指示・決定の原則」が、より一層子どもたちの間に定着し、強化されている可能性があるといえます。

3 場の共有と、子どもが他者と同じ動きをすること

無藤（1996b）は、子ども同士をつなげる物の機能の一つとして、ブランコや砂場を例に挙げ、「遊具が同じ場に子どもを位置させることにより、子ども同士のごく緩やかな関係が維持される」（p.16）ことを挙げています。しかし、子どもがつくった場では、子どもたちは同じ場に位置するだけではなく、その場の使い方を共有することも必要になります。子ども自身が場をつくるということは、物理的レベルのみならずイメージなどの表象レベルでの構成を行うことを意味します。表象レベルの構成は、恣意的な見立てを含むことも多く、それは必ずしもその場で使用される物それ自体の性質や構造に沿うものではありません。したがって、後から参加する子どもは、それぞれの場における独自の使い方を、場をつくった／先に場にいた子どもに教えてもらう必要があるといえます。

倉持（1994）は、幼児の仲間入り過程を「遊び集団への参加」と「遊び集団への統合」の２段階で捉え、この過程の仲間入り直後には、遊び集団側は仲間入り側に「情報付与」し、仲間入り側は遊び集団から「情報収集」をより多くすることを見いだしています。この「情報付与」「情報収集」は、本章の場の使い方を教える／教えられることに重なるものです。したがって、子どもが遊びに参加して一緒に遊ぶ過程は、「製作者／先行専有者による指示・決定の原則」に沿って、場をつくった／先にいた子どもと後から参加した子どもとの間で、場の使い方に関する情報をやり取りすることによって成立するといえます。

そして、遊びに参加し一緒に遊ぶ過程では、**事例G**でアキとヒデが同じ場所に立ったり（G3、G4）同じように四つ足の姿勢になったり（G7）しているように、場の使い方は具体的な身体の動きの共有、すなわち他者と同じ動きをすることとして現れています。

事例Gで、アキが「ヒデくん、ここ難しいや」と言いつつ（G10）、自分が飛び降りたのと同じ積み木の上に立ったヒデに「ピョンピョン」「ピョンして」と飛び降りる動きの擬態語を発してヒデが飛び降りるのを手伝っている（G12）ことは、自分と同じ「飛び降りる」という動きをヒデも行うことを予測していることを示しています。一方のヒデも、特にアキから飛び降りることを指示されていないにもかかわらず、アキと同じように積み木から飛び降りようとしています。

これらのことから、子どもにとって場を共有するということは、同じ場にいる他者と同じ動きを共有することに通じているといえます。つまり、「子どもが一緒に遊ぶ」際には空間的に接近し、一つの場に集まり、場を共有することになり、場を共有することとは、場を構成する物の使い方という意図とそれに沿った身体の動きの両方を共有することであると考えられます。

このことは、第Ⅳ章で明らかにした「他者と同じ動きをする」という同型的行動が子どもの仲間意識の共有に重なっているという知見を踏まえると、場の共有に際して子どもが他者と同じ動きをすることは、場を共有して一緒に遊んでいるという仲間意識の共有に重なる部分があると考えられます。また、同じく第Ⅳ章で明らかにしたごっこ遊びにおいて同じ動きをすることがイメージの共有に重なるという知見を踏まえると、子どもがつくる場には何らかのイメージが付与されていることが多いことから、場の共有に際して子どもが他者と同じ動きをすることは、その場で展開するごっこ遊びなどのイメージの共有にも重なるといえます。

つまり、場を共有する、すなわち一緒に遊ぶことは、仲間意識やイメージの共有にも重なるものであり、仲間意識やイメージという内的状態の共有は、他者と同じ動きをすることとして表出され、一緒に遊ぶことを支える機能をもっていると考えられます。そして、前述した事例において、仲間入りを拒むために指示したと解釈される不都合な場の使い方が仲間入りしようとした特定の子どもだけに指示されることや、同様に仲間入りを拒んでいると推測される事例において場をつくった／先に場にいた子どもが場の使い方を教えないことに注目すると、場の共有に際して他者と同じ動きをするという同型性が有効に機能していることが逆説的に示唆されます。なぜならば、仲間入りさせたくない子どもに対して例外的な場の使い方を求めることや、場の使い方を教えないことは、その子どもと他の子どもとの身体的な同型性を封じることだからです。そのことによって、一緒に遊ぶことに伴う仲間意識やイメージの共有を拒否するという機能を果たしていると考えられます。

以上のように考えると、場の使い方とは、他者と一緒に遊ぶ際に不可欠な仲間意識やイメージという目に見えないものと、身体の具体的な動きという目に見えるものとが重なったものであるといえます。その二つが「使い方」という一定の「型」をもつことによって、複数の子どもの間で共有可能となるといえます。そして、この点にこそ、子どもたちが場を共有する場合に、場の使い方が無視できない重要なものとなる理由があると考えられます。「使い方」とは成し遂げようとする何らかの目的をもち、その目的に沿って身体の動きが決められ、配列されたものです。「使い方」に沿った身体の動きは、目的と一体となった一定の動作の種類や順序に沿うという点で「型」をもつと言うことができます。

したがって、場の共有が身体の動きを通して実現されるものであるならば、「使い方」という身体の動きとそこに込められた目的が合致した「型」に沿うことは、その場の遊びに参加していることを自他に対して明瞭にアピールし、子どもたちの間の「一緒に遊んでいる」という現実感を強める働きをすると考えられるのです。

無藤（1997）が指摘するように、人間関係が基本的に「からだを持ったもの同士の関係」であり、「同じ場所にいて、表情や身振り・動作を真似し合うことが人との間の関係の基本」（p.10）であるとするならば、子どもたちが場を共有する際に問題となる「権利」や「情報」は、抽象的なものとして共有されるのではなく、具体的な身体の動きとして実践されてこそ、一緒に遊ぶという協同的関係を成立させるといえます。つまり、子どもが場を共有し他者と一緒に遊ぶということは、一瞬一瞬の身体の動きの積み重ねによるものであり、子どもは無数の動きの選択肢の中からその場にふさわしい動きを選択することが求められるのです。

だからこそ、場の使い方という身体の動きの選択肢を狭め、身体の動きをある程度規定するものが、一緒に遊ぶ子どもたちの身体の動きの適切さを担保するものとして重要になるといえます。

4 場の使い方が生まれるタイミング

前述したように、仲間入りを拒む事例では、急に相手に不都合な場の使い方を指示している様子が見られました。また、事例Gでヒデが「どっから出る?」と尋ねた際にアキは「知らない」と答えていたり（G8）、他の事例で子どもがつくった宇宙船に保育者が仲間入りした後に座る場所を尋ねると、子どもの間で答えが異なったりしていました。したがって、場の使い方は、場をつくった/先に場にいた子ども自身にとっても不明であったり、それについて認識が一致していなかったりする場合があるといえます。言い換えると、場の使い方は必ずしも明確に固定した形で存在するものではないといえます。

このことに関連して、遊びの中で他者がつくった場に入る際に、場の使い方を教える/教えられる事例とは別に、既に場を共有して遊んでいる子どもたちが進行中の遊びの中で、場の使い方を教える／教えられる場面の事例では、子どもが遊びの進行中に場の使い方を教えたり教えられたりしながら、場を共有する姿が見られました。

ごっこ遊びの中で、子どもたちが役柄を演じつつ、遊びの設定に関する発話をし、イメージを共有したりそのズレを修正したりする姿はよく見られます。子どもたちが一緒に遊ぶということは、ある一定の枠組みの中でそれぞれがもつイメージをより具体的に詳細にすり合わせながら共有していく過程であるといえます。その際に、場の使い方は、予め固定されているというよりも、部外者が参加したりそれを拒んだりするような場面、つまり「場を共有する」ことが顕在化するような場面を契機にして、確認されたり修正されたり、更には新たに生成されたりしていくものであると考えられます。そのような場の使い方をめぐる子ども同士のやり取りの過程こそが、子どもが他者と一緒に遊ぶことであるのだといえます。

二　まとめ：場の共有と他者と同じ動きをすること

遊びの中で他者がつくった場に入る際に場の使い方を教える／教えられるという現象に焦点を当て、場の共有と他者と同じ動きをすることとの関連を明らかにしてきました。具体的な事例の考察から、遊びの中で他者がつくった場に入る際に場の使い方を教える／教えられることにおける、場の共有と他者と同じ動きをすることの関連について、以下のようにまとめることができます。

1）子どもがつくった場の使い方を教えること／教えられることは、遊びへの仲間入りの承認や働きかけとして機能する。

2）子どもがつくった場においては、その場をつくった／先にいた場に子どもが場の使い方を決めたり指示したりする権利（「製作者／先行専有者による指示・決定の原則」）がある。

3）子どもがつくった場においては、その場に後から参加する子どもは、場をつくった／先に場にいた子どもが決めた場の使い方に従うことが求められる。

4）場を共有することは、場の使い方を共有することであり、場の使い方の共有は他者と同じ動きをすることに重なる。

5）場の使い方は予め固定されておらず、場を共有するという契機によって、遊びの進行の中で生成される。

保育における遊びが自由で自発的な活動であるとしても（山田，1994）、それは必ずしも無秩序なものではありません。活動の自由度が高ければ高いほど、むしろ他者と一緒に遊ぶための何らかの原則が必要となります。本章の結果が示唆する重要な点は、その原則が実際の遊びの中で具体的な身体の動きとして実践され、他者と同じ動きをする同型的行動として共有されるということです。したがって、子どもが場を共有し他者と一緒に遊ぶということは、人との関わりの原則を、身体を通して実践するということであり、その実践は「身体知」（齋藤, 1996a）の体現であるといえます。

なお、本章で分析対象とした場の共有では、相互作用の媒介となる身体の動きは、積み木などの物との関わりを含むものです。したがって、本章における他者と同じ動きをすることの媒介となる身体の動きは、アフォーダンス理論（佐々木, 1996）の観点から見ると、物が提供する行為可能性に対応したものであり、物の存在によって、場における振る舞い方はある程度狭められ、予測可能であるというふうに考えることもできます。

しかし、本章の事例にあるように、子どもたちは場の使い方について事細かに質問したり指示したりしています。これは、子どもがつくる場が、「宇宙船」や「基地」などのイメージを付与されたものであることと、「製作者／先行専有者による指示・決定の原則」によって、場の使い方を決める権利や場の使い方の情報量に関して、場をつくった／先に場にいた子どもと後から遊びに参加する子どもとの間に差があるためであると考えられます。つまり、場の使い方の共有として他者と同じ動きをすることの媒介となる身体の動きは、場を構成する物が提供する行為可能性だけでなく、イメージや場をめぐる力関係に左右されるといえます。

第Ⅵ章

子どもが他者と同じ物を持つこと

本章では、物を媒介とする同型的行動として、子どもが「他者と同じ物を持つ」という現象に焦点を当て、幼児の仲間関係と他者と同じ物を持つこととの関連を具体的な事例から明らかにしたいと思います。

乳幼児期の子ども同士の仲間関係を、具体的な身体の動きのレベルでの関わりとして捉えるとき、そこには多くの場合、遊具などの物が相互作用の媒介として介在しています。先行する研究では、人生初期から物が様々な形で子ども同士の関わりに関与していることが明らかとなっています。

0〜1歳では物が子ども同士の直接的、間接的交渉の契機となります。例えば、同じ物を複数の子どもが操作している状態では、直接的な子どもの交渉が生じやすいことが指摘されています（Vandle & Wilson, 1982; Eckerman & Stein, 1982）。更に、1歳中頃までは同一事物への関心や操作の集中という間接的な交渉は物をめぐる争いに発展することが多く見られますが、1歳後半になると物への関心と相手への関心を統一させた交渉が優位になるとされています（江口, 1979）。

また、無藤（1996b）は幼児の相互作用の成立と展開の微視的レベルの分析から、物の存在は子どもたちの間に共同注意と、物に見合った動きのやり取りルーチンを生じさせることなどから、物は子ども同士の関わりの成立にとって重要な媒介であると指摘しています。物の存在は子どもの注意を持続させやすく、物に見合った動きを引き出すことによって子どもの動きに一定の型や方向性を与え、関わりを安定的なものにすると考えられます。

物の所有や使用は乳幼児期のいざこざの主要な原因の一つである（遠藤, 1995）一方で、他者に物を渡す／他者から物を受け取るという物の授受も乳児期から生じることが明らかになっています。麻生（1992）は長男の日常的観察から、他者に物を与える行為（ギビング）が生後7か月頃から発達的に変化し、乳児期後半にはそれが「より複雑な対人的なかけひきやコンテクストの認知を背景にした、よりコミュニカティヴ」なものになることを指摘しています（pp.280-290）。また、Eibel-Eibesfelt（1984/2001）は、アフリカやニューギニア等の地域での調査から、乳児の段階で既に社会的関係を取り結ぶ上で人に物を差し出すという現象が見られ、それは物を他者に贈ることが友好関係の創出であり、攻撃の防御として機能するからであると指摘しています。

これらの知見から、他者に物を差し出し与えることは、人間関係の形成や展開と絡み合った社会的な意味を帯びたものであるといえます。

このように乳幼児期には他者と物を取り合ったり、あるいは他者に与えたりする姿は、物の所有をめぐるやり取りでもあります。物の所有に関しては、幼児期までに物の所有に関する原則が子ども間で成立するとされています（山本, 1991）。先にその物を持っていた子どもにそれを使う権利があるという「先行所有のルール」（遠藤, 1995; Bakeman & Brownlel, 1982）や、先に他の子どもが持っている物を交渉なしに取らないという「『先占の尊重』の原則」がそれに当たります。

以上から、乳幼児期における子ども同士の関わりと物は様々な形で結び付いているといえます。その結び付き方は、物への共同注意という関わりの発生となる具体的な行動のレベルから、所有のルールという関わりを規定する表象のレベルまで幅広いものといえます。

一　子どもが他者と同じ物を持つこと

本章の事例は、幼稚園の観察で得た事例であることから、その考察においては、保育の場の特性も考慮すべきであると考えます。幼稚園や保育所、認定こども園などにおける遊具や教材は、子どもの私物ではなく「みんなで使う」共有財という性格をもちます。しかし、遊びの中で子どもが使う物の量や使う時間は厳密に決められているわけではありません。更に、幼稚園や保育園ではほぼ毎日必ず「お片付け」があり、物の所有は、その日、その時間限りであることが多いといえます。したがって、園生活において子どもたちはその日その日、その瞬間その瞬間に「自分のもの」と「自分のものでないもの」の線引きを行い、遊びの中でその線引きを変更しながら活動しているといえます。

以上から、本研究における子どもが「物を持つ」とは、元来は園の共有財である物の中で、単に物理的な意味で物を持っているのではなく「自分の物として所有している」（と解釈される）状態を指すものです。それを踏まえ、本章における他者と同じ物を持つことの定義は、次のａ）〜ｄ）の全ての要件に当てはまるものです。

ａ）複数の子どもが同じ物を手に取って持っている。

b）a）の状態に至る前に、「自分が持っている物と同じ物を他の子どもに与えたり（受け取ったり）、自分から他の子どもが持っている物と同じ物を持ったりというような、「同じ物を持っていない状態」から「他者と同じ物を持つ状態」への変化を含んでいる。

c）保育者や他児に同じ物を持つことを指示されたり、強制されたりしていない。

d）偶然に複数の子どもが同じ物を持ったのではなく、子どもたちの空間的位置やタイミングなどから、後続の同じ物を持った子どもが先行する子どもを見ていたと推測される。

本章では、上記の要件を満たす事例の中でも、事例の解釈の妥当性を高めるために、他者と同じ物を持つに至るまでの事前の文脈とその後の展開が把握できる事例を分析の対象としました。なお、本章で他者と同じ物を持つという場合の「物」とは、子どもが「持っていること」が明白な状態として捉えられることが重要であると考え、ブロック、積み木といった遊具や、タオルやかばんなどの生活用品などの子どもが持ち運ぶことのできる大きさ、重さのものとしています。したがって、水や砂など形が不定形なものや、自転車や三輪車など子どもが持つことのできない大きさのものは含まれていません。

1　子どもたちが他者と同じ物を持つに至る事例の概観

本章で分析対象とする46事例について、他者と同じ物を持つに至る具体的過程を、「自分が持っている物と同じ物を他の子どもに渡す」（他の子に同じものをあげる）場合、「他の子どもが持っている物と同じ物を後から持つ」（他の子と同じ物を持つ）場合、「他の子の物を取る」場合、の3種類に分けました。その事例数と割合について、前者は46事例中28事例（61％）で、後者は17事例（37％）でした。その他に「他の子が複数持っている物を取る（取られた相手はそれを承認）」が1事例（2％）ありました（図6-1）。

このことから、子どもが他者と同じ物を持つに至る過程では、他の子どもに同じ物をあげるという「授受」が介在していることが多いといえます。

また、46事例において、複数の子どもが共に持つ物には、井型ブロック、ボール、じょうろ、木琴、ペン、園庭の花というように、種類や用途、使用場所の異なる多様な物が含まれていました。しかし、その中でも井型ブロックは46事例中22事例（48％）と他の物に比べてその割合が高くなっていました。このことの背景には、観察時期に男児たちの間でブロック遊びが盛んであったことや、ブロック遊びを好む男児たちが観察対象となることが多かったこと、井型ブロックは数が多く、組み合わせたり分解したりすることが可能であることから、他の遊具や教材に比べて子どもたちの間で分けたり、与えたりしやすいことがあると考えられます。

更に、複数の子どもが共に持つ物が何かに見立てられていた事例は46事例中24事例（52％）と半数以上を占めていました（図6-2）。これは、幼稚園での子どもの主な活動が遊びであり、幼児期にはイメージを伴う見立て遊びやごっこ遊びが盛んになること（高橋，1984）と密接に関連している

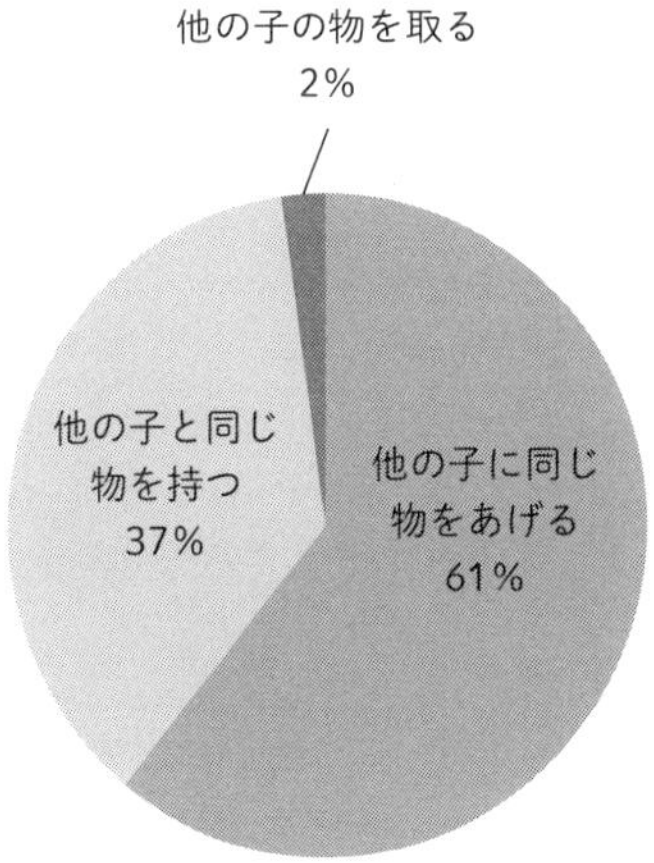

図 6-1　同じ物を持つに至る過程

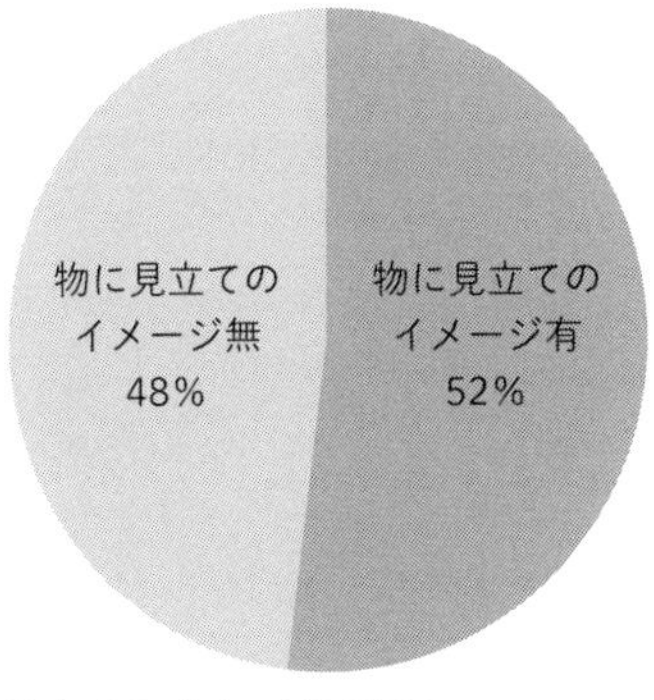

図 6-2　物に対する見立てのイメージの有無

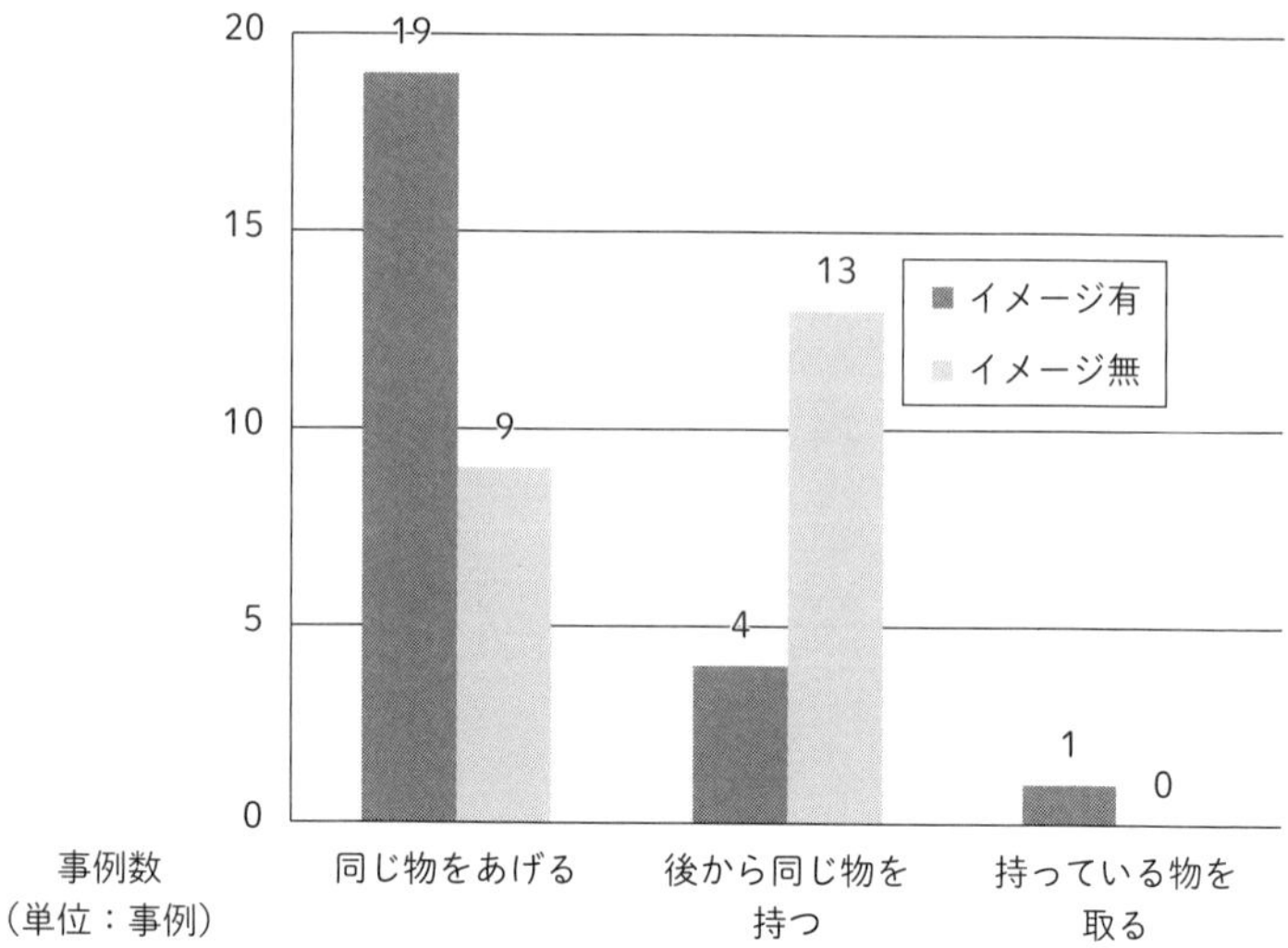

図6-3　同じ物を持つ過程と見立てのイメージの有無

といえます。したがって、保育実践の中で子どもたちが持つ物は、物それ自体の即物的、現実的な意味を超えて、遊びの文脈において子どもによって何らかのイメージが付与されている場合が多いことが示唆されます。これは、保育実践における物の特色であるといえます。

また、物に対する見立てのイメージの有無を、同じ物を持つ具体的過程のカテゴリーごとに見たところ（図6-3）、「他の子どもに同じ物をあげる」場合では、物が見立てのイメージを有している事例が半数以上を占め（28事例中19事例）、イメージのない事例の2倍以上多く見られました。一方、「他者と同じ物を持つ」場合では、逆に物にイメージがない事例が半数以上を占め（17事例中13事例）、イメージがある事例よりも3倍以上多く見られました。

全体の事例数が限られていることから仮説的言及に留まりますが、この結果から、「他の子どもに同じ物をあげる」場合には、単なる「物」を渡しているという以上に「イメージを付与された物」を渡している場合が多いといえます。このことは、前述のようにごっこ遊びが盛んになる時期であることとも関連して、物を渡すことによってそれを用いた遊びのイメージを伝えているという可能性が示唆されます。

2 仲間であることと他者と同じ物を持つことの結び付き

以下では、前述した他者と同じ物を持つことの定義に当てはまる事例のうち、前後の文脈が特に明確と思われる事例を挙げ、幼児の仲間関係と他の子どもと同じ物を持つこととの関連を考察したいと思います。事例の記述では、分析対象となる他者と同じ物を持つことに傍線と、後の考察に用いるための番号（「H1」など）を付しています。

事例H 「……（無言で渡し受け取る）」（4歳児クラス、6月8日、井型ブロック）

登園開始から間もない保育室で、シンが井型ブロックの入ったプラスチックの籠を壁際の棚から部屋の真ん中に引っ張ってきてブロック遊びを始める。その後、カズもブロックの籠のところにや

イラストH1　シン（右）がタカ（中央）にブロックを差し出す

ってくる。

ブロックの籠の周りにシンとタカとカズがしゃがんで、シンとカズはそれぞれブロックで武器らしきものを組み立てる。タカは、ブロックは組み立てないでシンやカズの様子を見ている。

シンは籠の中のブロックの塊からブロックを外すなどして、緑色と黄色のブロックが組み合わされた同じようなブロックを両手に持ち、そのうちの1個をタカに差し出す（H1）。タカはシンの差し出したブロックを受け取り（H2）、自分もブロックの籠の中に手を伸ばして、ブロックを探し始める。

保育室に2人の女児が笑って走って入ってくると、カズは「わるもんが来た、～撃て」と言う（H3）。シンはブロックを組み立てながらぼそっと「～来てないよ」と言う。カズとシンとタカはそれぞれブロックを組み立て続ける。

シンが赤色とピンク色の組合せの同じようなブロックを2個持ち、そのうちの1個をタカに差し出す（H4）。タカはシンの差し出したブロックを受け取って、自分が持っている黄色と赤色の組合せのブロック（シンのくれたブロックと似た色の組合せ）とシンにもらったブロックを見比べて、自分の持っているブロックを籠の中に入れる（H5）。シンは一瞬タカの持っているブロックに手を伸ばすが、すぐにタカが籠に戻したほうのブロックを手に取って、自分の持っているブロックにつなげようとする。

吉田先生がリュックを腕にかけたままのカズに「カズくん、コップとタオル出しちゃおうよ」と声をかけると、カズは立ち上がってタオルかけのほうへ行く。シンは何かを思い出したようにブロックを手放して立ち上がって、廊下へ走っていく。

事例Ⅰ　「ダメー」（4歳児クラス、7月6日、井型ブロック）

登園開始間もない保育室で、井型ブロックの籠の前にシンが座ってブロックを組み立てている。カズは手に黄色の井型ブロックを持ってシンのそばに立って「カズ、ガッツイーグル～」と言う。シンはカズを見上げて「ぼくなんかねぇ」と応える。

タカがシンのそばに寄ってくる。カズは保育室の真ん中に立っているタカに「～きていいです（？）」と声をかけて、タカのTシャツを引っ張って園庭へ連れて行こうとする。タカは「うわぁ」

イラスト14　同じブロックを持って、タカ（左）とシン（右）はゴールネットの中カズを撃つふりをする

と声を出して、カズと反対方向に歩き出したり、その場にとどまったりする。カズはタカのTシャツの背中の部分を引っ張りながら強引にテラスへ出ていく（I-1）。

シンはブロックの籠の前でカズとタカを目で追う。カズとタカがテラスに出て行くと、シンは緑色と黄色を組み合わせたブロックを2個持って立ち上がり、「ダメだよ」と大きな声を出して、ブロックを持った両手を挙げてテラスへ出て行く（I-2）。テラスに出たところで、シンはブロックを持った手をカズに振り下ろし、カズの足を蹴る。シンは持っていたブロックのうち1個をタカに差し出し、タカはブロックを受け取る（I-3）。カズはシンとタカに背を向けてテラスから園庭へ降りていく。シンとタカは2人で歩いて、カズのほうへ寄っていき、サッカーゴールのネットの中にいるカズをブロックのピストルで撃つふりをするなどして、ちょっかいを出す（I4）。

事例H、Iはいずれも登園開始直後の保育室でシン、タカ、カズが井型ブロックを組み立てるという類似の状況で生じたものです。前述したように分析対象の事例46事例中22事例（48％）で井型ブロックが登場することからも明らかなように、このクラスの男児たちはブロックを組み立ててピストルなどの武器に見立てて遊ぶことが多く見られました。特にカズは事例Hで通りがかった女児たちを見て「わるもんが来た、～撃て」と言っているように（H3）、ブロックで作ったピストルをほとんど常に持ち歩いて、誰にでも戦いごっこをしかける姿がよく見られました。クラスの保育者の先生との話合いの中でもカズがブロックのピストルで他の子どもや先生を攻撃するふりをする様子について語られることがたびたびありました。

また、このクラスの男児たちの間では、ブロックを戦いごっこで使うという明確な遊びのイメージや目的をもってブロックを組み立てるというよりも、登園したらまずブロックを組み立てて、他の子どもとの関わりを探りながら1日の園生活を始めるという雰囲気が強いようにも感じられました。事例H、I以外でも複数の子どもが共に井型ブロックを持つ複数の事例が、登園開始から間もない時間帯に生じていました。

事例H、Iが観察された時期は、シンとタカは2人で遊んでいることが多く、第Ⅳ章でも述べたように、2人にとってお互いは他の子どもたちよりも「仲のよい友達」であったのではないかと考えられます。事例Hが観察された日の保育者の先生方との話合いの中でも「タカとシンはいい感じで遊んでいる」「タカとシンはペースが似ている」と語られており、この時期の２人は安定して持続した仲間関係を構築していたといえます。

一方でカズは、上述したように、この1学期はブロックの武器を持って戦いごっこを誰にでもしかけたりすることや、事例Iでタカを強引に引っ張ってテラスへ連れて行こうとしていることに見られるように、他の子どもとの関わりが少し一方的になってしまうところがあり、シンをはじめ他の男児たちから仲間入りを拒まれたり、他の男児たちとうまくかみ合わない場面が観察の中でしばしば見られました。

事例H、Iの両方の事例で、シンが井型ブロックを組み立ててタカに渡しています。具体的には、シンはブロックの色や形が同じ物を2個作り、そのうちの1個をタカに渡すことで、２人で同じ物を持つようになっています（H1、H2、H4、H5、I3）。このことと、上述したこの時期のシンとタカの仲間関係を重ね合わせて考えるならば、シンがタカにブロックを渡し、タカがそれを受け取っていることは、２人の仲間関係と結び付いている可能性があります。なぜならば、事例H、Iでは、シンの組み立てたブロックの見立てのイメージや使い方について特に2人の間で話し合われておらず、ほぼ無言に近い状態でブロックの授受が行われていることから、そのブロックが何であり、そのブロックをどのように使うかということよりも、２人で同じブロックを持つこと自体がシンとタカにとっては重要であったのではないかと考えられるからです。

そのことを示唆するように、事例Hでタカはシンからブロックを受け取った後に、ほぼ同じような色の組合せであった自分のブロックを籠に戻しています（H5）。また、事例Iにおいて、カズがタカを強引にテラスへ連れて行った（I1）後で、シンがカズとタカを追いかけて、「ダメだよ」とカズを責め（I2）、同時にタカにブロックを渡している（I3）姿は、タカと遊ぶのはカズではなくシンであることを主張した姿であると考えられます。この場面の中ではシンの「ダメだよ」という発話は「タカを連れて行ったらダメだよ」という意味であると考えるのが自然ではないかと考えられます。その後タカはシンからブロックを受け取り、シンと一緒に行動しており、シンの気持ちはタカに受け入れられているといえます（I4）。

つまり、遊ぶ仲間としてお互いを認め、一緒に遊んでいる関係においては、他者と同じ物を持つことは仲間であることに重なるといえます。このことは、事例H、Iとは対照的な、他の子どもに同じ物を渡そうとしたが受け取ってもらえなかった事例Jから傍証されます。

事例J　「おれの友達なんだぞ」（4歳児クラス、5月18日、井型ブロック）

ナオ、ノブ、シン、タカたちが廊下から遊戯室に積み木を運んできて、積み木で四方を囲った大きな「宇宙船」を作っている。

井型ブロックで組み立てたピストルと思われる武器を両手に抱えてカズが宇宙船のそばに寄ってくると、ナオは「のんないで」とカズに言う。ノブやシンもカズを手で押しながら「のんないで」

イラストJ3　ノブ（左）はカズ（左から２人目）がタカ（右から２人目）に渡したブロックを取り、その手を背中に回す

と言う（J1）。カズは「この子にあげる」と タカに丸い車輪のような形のブロックを差し出す。タカが車輪の形のブロックを受け取る（J2）と、タカの隣にいたノブがすかさず「ダメだよ」とタカの手から車輪の形のブロックを取って、ブロックを持った手も一緒に両手を背中に回す（J3）。カズが「どしてー」と聞くと、ノブは「おれの友達なんだぞ」と言う（J4）。

カズがブロックの武器でタカを指しながら「この子のお家に行っていいんですか？」と聞くと、ノブは「うん」と答える。カズは遊戯室の出入口に歩き出して「～ピストル作る」と言う。ノブは「ピストル作っちゃダメ」と強い口調でカズに言う。カズはノブを振り返って「どしてー？」と聞く。ノブは「ここはピストルないんだよねー」とタカの顔を覗き込んで言う（J5）。タカはうなずいたり何か言ったりしない。ノブはタカの前で同意を求めるように「ね、ないんだよね」と首を縦に振りながら言う。

その後、ノブは「宇宙船作ってるから」とカズを出入口のほうへ押そうとする（J6）。ノブがカズの車輪の形のブロックをもう1個カズから取ると、カズは「これで撃って、わるもん撃って」とノブに言う（J7）。ノブはカズから取ったブロックを手放して床に落として、積み木の宇宙船作りに戻っていく。カズは床に落ちたブロックを拾って、床に座ってブロックの武器を組み立て直す。

この事例Jは、第Ⅳ章の事例Eと同じ場面で、遊戯室でナオ、ノブ、シン、タカたちが積み木で宇宙船を作っている中で生じたものです。この事例が観察されたこの時期は、ナオをリーダー格にして、ノブ、シン、タカの4人で一緒に遊ぶ姿がよく見られるようになっていました。この事例は、宇宙船ごっこの一員であるタカにカズが井型ブロックの武器（ピストル）の一部である車輪の形のブロックを渡し、タカが受け取ったが（J2）、即座にノブがタカからブロックを取り上げてしまい（J3）同じ物を持つことに至らなかった事例です。

この事例で注目すべき点は、ノブが「ダメだよ」と言ってカズがタカに渡したブロックを取り上げて（J3）、その理由として「おれの友達なんだぞ」と言っている点です（J4）。ノブは、タカが受け取った車輪の形のブロックがほしくて取ったのではなく、タカが自分の友達だから、カズが持っている物と同じ物をタカに渡してはいけないと主張しているのです。事例Jの冒頭で、カズが宇宙船のそばに寄ってくると、ナオ、ノブ、シンは同様に「のんないで」と言っていることから（J1）、カズを宇宙船ごっこの仲間として受け入れていないことが分かります。

したがって、ノブの上述の発言と合わせて考えると、ノブがカズとタカが同じ物を持つことを阻んだのは、**事例H、I**で示唆された他者と同じ物を持つことと仲間であることとの結び付きを裏返しにする形で、「仲間でないこと＝同じ物を持たないこと」という形で、他者と同じ物を持つことが仲間関係と結び付いていることを示していると考えられるのです。

また、カズの側から**事例J**を捉えるならば、カズがタカに車輪の形のブロックを渡したことは、それをきっかけにしてタカとの関わりをもとうとしたのではないかと考えることができます。**事例H、I**においてシンとタカが同じブロックを持つことが、彼らが一緒に遊ぶ仲間であることと結び付いていたことを考えれば、**事例J**のカズの行動は「他者と同じ物を持つ＝仲間である」という図式を前提とした行動と考えることができます。だからこそ、タカと一緒に宇宙船ごっこに参加しているノブが、宇宙船ごっこに参加していないカズがタカと同じ物を持つことを拒んだともいえます。つまり、子どもたちの間では、他者と同じ物を持つことが一緒に遊ぶことの了解、すなわち仲間入りの意味をもつと考えられます。

今井（1992）は、保育所の2歳児が風呂敷をマント代わりにして「ヤッターマン」ごっこをしているところへ、マントを着けていない男児が加わろうとして拒まれ、その男児に対して保育者がマントを着てから仲間入りするように促したことで仲間入りできたという事例を挙げて、子どもたちの間に「共通の物で仲間になれるという約束ごと」が存在することを指摘しています（pp.147-148）。このような事例は、幼稚園や保育所、認定こども園などの保育現場ではよく見られるものです。このことからも、他者と同じ物を持つことは仲間入りの方略の一つとして機能することが指摘できます。

二　子どもが他者と同じ物を使うこと

他者と同じ物を持つことは、それを使うこととも結び付いています。そこで、次に、他者と同じ物を持つだけでなく、同じ物を使うことを含んだ事例を考察します。

1　ごっこ遊びのイメージが付与された物の場合

前述したように、複数の子どもたちが共通して持つ物は、何かに見立てられた物のほうが多いです（46事例中24事例、52％）。このことは、子どもたちが他者と同じ物を持つ場合、それが見立て遊びやごっこ遊びの中で生じる場合には、他者と同じ物を持つことはその物に付与されたイメージを共有することでもある可能性を示唆しています。

事例Jの終わりでカズは車輪のブロックを持っているノブに「これで撃って、わるもん撃って」とブロックの武器のイメージを語っています（J7）。カズのこの発言から、カズがブロックを武器に見立てていたこと、カズが自分と同じ物を持った子どもにカズがその物に付与していた武器のイメージとその武器で戦う（「わるもんを撃つ」）という遊びの状況設定を共有することを期待していることがうかがえます。このことは、ノブがカズとタカが同じ物（ブロック）を持つことを阻んだ直後に「ここはピストルないんだよねー」（J5）、「宇宙船作ってるから」（J6）とカズのブロックの武器が自分たちの「宇宙船」ごっこにはそぐわないことを表明していることにも通じます。更に、カズの「これで撃って、わるもん撃って」（J7）という発話からは、自分と同じ物を持つ子どもに、ただ持っているだけではなく、その物を使って戦いごっこのふりをすることを期待していることがうかがえます。

次の事例Kは、イメージが付与された物を複数の子どもが持ち、使う様子を示しています。

事例K「みんなにあげる」（4歳児クラス、5月18日、黄色の井型ブロック）

遊戯室でナオ、ノブ、タカ、シンたちの作った積み木の宇宙船の中に、カズとノブとシンとタカがいる。ノブは立ってズボンのポケットに両手を入れて戦いごっこの台詞を言うように、「やっぱりやつらにやられたな」と言う（K1）。ナオは宇宙船の中に座って「やつらのしわざだな」とノブを見上げて言う。

カズは「変身しろ」「変身」「変身」とノブに声をかける（K2）。ノブは宇宙船から出て、宇宙船の端っこから何かを取るしぐさをして、黄色の井型ブロックを持った右手を高く上げて「ビームシュワッチ」とジャンプしてウルトラマンのふりする（K3）。ノブは黄色の井型ブロックをズボンのポケットにしまう。宇宙船からタカが出てきて、「はい、こんなの持ってきた」と黄色の井型ブロックを差し出しながらノブのそばに寄ってくる（K4）。ノブはタカから黄色の井型ブロックを受け取って（K5）、口のそばに当ててトランシーバーのようなふりをして、黄色の井型ブロックをズボンのポケットに入れる。

シンも黄色の井型ブロックと赤色の井型ブロックを1個ずつ両手に持って宇宙船から出て、ノブとタカのそばに寄ってくる。

ノブは両手をぐるっと回して戦いごっこのポーズを取るような動きをしてから、「みんなにあげる、ウルトラマンジェット」と言ってズボンのポケットから黄色の井型ブロックを取り出して「はい」とタカに差し出す（K6）。

ノブとほぼ同時に、シンも赤色の井型ブロックをタカに差し出す。タカはノブの黄色の井型ブロックを受け取る（K7）。ノブが「ビーム」と大きな声を出して黄色の井型ブロックを持った手を高く挙げると、ノブと向かい合って立っているタカも黄色の井型ブロックを持った手を挙げる（K8）。シンは宇宙船のそばでボールで遊んでいるナオのほうへ寄っていく。

ノブがズボンのポケットに黄色の井型ブロックを入れると、タカも自分のズボンのポケットに黄

イラスト K9　ノブ（右）がズボンのポケットにブロックを入れるのに合わせて、カズ（中央）とタカ（左）もズボンのポケットにブロックを入れる

色の井型ブロックを入れる（K9）。

宇宙船の中にいるカズも、ノブとタカと同じように持っている井型ブロックをズボンのポケットに入れる。ノブは「キシーン、ウルトラマン～ダイナ」とヒーローのように台詞を言って腕を振り下ろすなどしてポーズを取ると、タカもノブのまねをするように腕を少し動かす（K10）。

ノブたちのそばに戻ってきたシンは、ノブの「ウルトラマン～」という言葉に続けて「ウルトラマン」と言って黄色の井型ブロックを持った手を少し挙げて、ブロックをズボンのポケットに入れる。

ノブは「ウルトラマン～」と腕を交差させてポーズを取って、観察者を敵に見立てて攻撃するかのように観察者に向かって走ってくる（K11）。タカもノブの後について観察者のほうへ走ってくる（K12）。シンは観察者のほうを見ながら「ウルトラマン」と言って腕を交差させてポーズを取る（K13）。

事例Kは、事例Jでナオたちが作っていた積み木の宇宙船が完成し、カズも仲間入りをした後の事例です。ここでは、「やっぱりやつらにやられたな」といった敵を想定したかのようなノブのセリフ（K1）から、カズが「変身」などとノブに声をかけて（K2）、ノブが黄色の井型ブロックを持った手を高く挙げてウルトラマンに変身するポーズを取っています（K3）。

この黄色の井型ブロックは他の事例においても、カズやノブが「ウルトラマン〜」と言って他の子どもに渡す様子が見られ、「ウルトラマン（に変身する道具）」のイメージで使われることが何度も観察されていました。そのような事例では、黄色の井型ブロックを渡したり受け取ったりする男児たちが黄色のブロックに「ウルトラマン」のイメージが付与されていることに特に疑問や異議を唱える様子はなく、「黄色の井型ブロック＝ウルトラマン」という図式は、この時期の男児たちの間である程度共有されたものであったようです。事例Kの中でタカがウルトラマンに変身するふりを始めたノブに黄色の井型ブロックを持ってきたのも（K4）、黄色のブロックについての共有されたイメージがあったからではないかと考えることができます。

事例Kでは、ノブがタカから黄色の井型ブロックを受け取った後で（K5）、「みんなにあげる」、ウルトラマンジェット」と言ってタカに黄色の井型ブロックを差し出し（K6）、タカが受け取っています（Ｋ７）。更に、後でやってきたシンも黄色の井型ブロックを持っていたことから、ノブとタカとシンの３人が黄色の井型ブロックという同じ物を持つ状態となっています。ここでノブがタカから、その次にタカがノブから黄色の井型ブロックを受け取っていることは、事例Ｈ、Ｉでシンからブロックを受け取っていることと同様に、事例Ｊの考察で触れたように、この時期にノブを含めた男児４人グループの仲間関係が下敷きになっていると考えられます。

そして、事例Ｋで興味深いのは、黄色の井型ブロックを持ったノブとタカとシンが若干のタイミングのずれや動きの細かさの違いはあるものの、黄色のブロックを持った手を挙げる、ブロックをズボンに入れる、腕を交差させるなどして同じ動きをしている点です（Ｋ８〜12）。

第Ⅳ章で明らかにしたように、幼児のごっこ遊びでは、同じ動きをすることはそこで演じられる役やごっこ遊びの枠組みといったイメージの共有に重なります。したがって、事例Ｋでノブとタカとシンが同じ動きをしていることは、「ウルトラマン」というキャラクターやウルトラマンが敵と戦うというイメージを各々の身体の動きによって表現しつつ共有していることであると考えられます。その際に黄色の井型ブロックは、一連の身体の動きの中に埋め込まれつつ、身体の動きが表現するイメージの一端を担うものとして機能していると考えられます。

つまり、ごっこ遊びの中で「他者と同じ物を持つ」ことは、その物を使って同じ身体の動きをすることを通して遊びのイメージを共有することに結び付くといえます。事例Ｊでカズがノブに「これで撃って、わるもん撃って」（Ｊ７）とノブに言っているように、ごっこ遊びの中の物に付与されたイメージは、それを用いた身体の動き（ふり）も含み込んだものであると考えられるのです。

2 イメージが付与されていない物の場合

本章の事例では、バケツや色画用紙、ペンなど別の物に見立てられることなく、その物本来の用途に応じて用いられる物の事例もありました（46事例中22事例、48％）。

事例L　じょうろからバケツへ（4歳児クラス、5月26日、じょうろ、バケツ）

ナオ、タカ、コウ、カズたちが砂場で灰色の筒などを出して遊んでいる。吉田先生はスコップやバケツやじょうろなど砂場遊びで使う道具を積んだワゴンを園庭の用具置き場から出して、「はい、どうぞ」と言いながら砂場のそばに運んでくる。砂場のそばで三輪車に乗っていたマサもワゴンに寄ってきて、青色のスコップを取る。ナオはワゴンから小さめの青色のじょうろを取り、ちらっとマサにじょうろを見せるようなそぶりをして、水道のほうへ行く（L1）。マサはスコップを持ったまま、ナオが持っているのと似た小さめの青色のじょうろを持って、水道のほうへ行く（L2）。ナオとマサは砂場から少し離れた水道のところに行き、じょうろに水を汲む。ナオとマサはそれぞれ水を汲んだじょうろを持って、水がこぼれないようにゆっくりと歩いて砂場に戻る（L3）。

マサとナオは砂場の少し窪んだ部分にじょうろの水を注ぐ。

ナオはじょうろを砂場の道具のワゴンに置いて、「これしかないねー」と言ってワゴンから丸いオレンジ色のバケツを取り出す（L4）。再び水道に向かって歩きかけていたマサはナオを振り返り、ワゴンにじょうろを置いてワゴンから四角い青色のバケツを取るが、すぐにそれを手放して、ナオが取ったバケツと同じ形で色違いの丸い赤色のバケツを持って水道へ行く（L5）。

水道のところで、ナオとマサは隣同士に並んで水道の水をバケツに汲んでいる。ナオがなみなみとバケツいっぱいに入った水を「これなんかちょっと、重すぎるから、ちょっと流す」と言って手でかき出すと、マサも自分のバケツの水を手でかき出す（L6）。マサはナオの手元を見ながら、ナオが手で水をかき出している間ずっと水をかき出す（L7）。ナオがバケツを持ち上げようとバケツの縁を両手で持ち上げようとすると、マサもバケツの縁を両手で持ち上げようとする（L8）。ナオが「これちょっと重いな」とマサのほうを見て言うと、マサはうなずく。

ナオがバケツの銀色の取っ手を両手で持って水道の縁にバケツを置くと、マサも銀色の取っ手を持ってバケツを持ち上げ、ナオとタイミングを合わせるようにしてバケツを水道の縁に置く（L9）。ナオは砂場を指差して「あそこまで（?）」とマサに言う。マサはうなずく。

コウが緑色の円錐形の筒（ラッパの形）を持って「これこれこれだぁ」と言って水道のナオのそばに寄ってくる（L10）。ナオは、「おい、それぇ、なか空くだろうが」とちょっと興奮したようにコウの持ってきた緑色の筒を見て言う。マサはコウの手から緑色の筒を黙って引っ張って取り、ラ

イラストL9　ナオ（左）がバケツを水道の縁に置くと、マサ（右）も同じようにバケツを持ち上げて水道の縁に置く

ッパを吹くようにして口に筒を当てて「ぷしー」と言う（L11）。コウがマサから緑の筒を取り戻そうと引っ張ると、マサも引っ張り返して強引に筒を取る（L12）。コウは笑ってマサの様子を見ている。

ノブが水道のそばに寄ってきて、筒を口に当てて何か歌うようにつぶやくマサを見て「ははは」と笑うと、マサは筒を口に当てたままノブに向かって足を蹴り出して、ノブを遠ざける（L13）。ナオが水道の縁に置いたバケツを傾けてバケツから水を流すと、マサは緑色の筒を持ったまま少し慌てた様子で自分のバケツを傾けて水を流す（L14）。

ナオは重そうに両手でバケツを持って「重たいなぁ」と言って水道のほうへ歩き出す。マサは水を流しすぎたと思ったのか、水道の蛇口をひねってバケツに水を注ぐ。マサは水道の蛇口を閉めながら砂場のほうを見る。マサは片手に緑色の筒、片手にバケツを持って、急ぎ足で砂場のほうへ歩き出す。

この**事例L**は砂場でナオやカズが砂場で遊び始めたところへ、吉田先生が砂場遊びで使うじょうろやバケツやスコップなどを載せたワゴンを持ってきたことから生じた事例です。マサはこの事例の場面の前までは砂場のそばで三輪車に乗っていましたが、吉田先生がワゴンを引っ張ってくるとほぼ同時に三輪車を降りてワゴンに寄ってきており、ワゴンの中の道具に引きつけられて来たようでした。一方、ナオはこの事例の前の場面から砂場で遊び始めており、先生がワゴンを持ってきたことで砂場に水を流すというアイデアを刺激されたのか、すぐにワゴンからじょうろを手に取っています。

事例Lでは、他者と同じ物を持つことが、ナオとマサの間で2回生じています。まず、マサはワゴンからスコップを取り、ナオはじょうろを取っていましたが、ナオがマサに自分の持っているじょうろを向けると、マサはスコップを持ちつつも、ナオが持っているのと似たような青い小さめのじょうろを取ります（L1、L2）。次に、じょうろでナオとマサが砂場の窪みに水を入れた（L3）後で、ナオがじょうろからバケツに持ち替えると、マサもナオと同じ丸いバケツを取ります（L4、L5）。

この二つの場面では、いずれもナオがマサに持っているじょうろを向けたり、マサが振り返った際にナオがじょうろからバケツに持ち替えるのを見たりしていることから（L1、L5）、マサがナオと同じタイミングでじょうろやバケツを持ったことは、単なる偶然ではなく、ナオがじょうろやバケツを持ったことに影響された行動であると考えられます。特にじょうろからバケツに持ち替えた場面では、マサは一度砂場の窪みにじょうろで水を入れて水道に向かっており、砂場の窪みに水を注ぐということを意図して再び水道に水を汲みに行ったと考えられますが、砂場に水を運ぶという目的から考えれば、じょうろをそのまま使い続けても不自然ではありません。

しかし、そこでマサがじょうろからバケツに持ち替えているのは、やはりナオがバケツに持ち替えたことがマサにとって何らかの意味があったのではないかと考えられます。おそらく、マサはナオが持っている物と同じ物を持とうとして、じょうろやバケツを持ったのではないかと考えられます。そのことを裏付けるように、マサはワゴンの中からナオと同じ青い小さめのじょうろを取り、更にナオと同じ丸いバケツを取っています。ワゴンの中にはナオやマサが取ったものとは異なる形や色のじょうろやバケツもありましたが、その中からマサはナオが持っている物とほぼ同じ色と形の物を取っています。

特にバケツを選ぶ場面では、マサは最初青い四角いバケツを手に取りましたが、それを止めてナオが持っているバケツと同じ形の丸い赤いバケツを取っています（L5）。このマサの行動もまた、これまでの事例H～Kで考察してきたように、他者と同じ物を持つことは、その子どもと一緒に遊ぶ仲間であるという人間関係と物との結び付きを反映したものではないかと考えられます。つまり、ナオと一緒に遊びたいというマサの気持ちがナオと同じ形のバケツを持つことにつながったのではないかと考えられるのです。

このことの裏付けとして以下のことが挙げられます。まず、事例Lの後半にコウが緑色の筒を持ってナオのところに寄ってきた際に（L10）、何も言わずに強引に筒を取ったり（L11、L12）、笑いかけてきたノブに向かって足を蹴り出したりする（L13）マサの様子に表れているように、この時期のマサは自分の要求を通すときに、言葉よりも手や足が出てしまうようなところがありました。

しかし、そうした他の子どもに対する少し強引な関わりとは対照的に、マサはナオに対しては、ナオの動きをよく見て、その動きに自分の動きを合わせており（L6～9、L14）、マサがナオに他の子どもと区別して接していることがうかがえます。また、観察の筆記記録には、観察者の感想として、マサに関して「ナオくん（マサくんは一目置いている感じ）」（4月27日）、「マサくんはナオくんやノブくん達と一緒に遊びたいようですが」（5月11日）という内容が記されていました。更に、この事例が見られた時期（5月25日）の保育者の先生との話合いの中でも、マサがナオの家に遊びに行きたがっているということが話題に上っていました。

この事例Lで子どもたちが持っているじょうろやバケツは、事例Kの黄色の井型ブロックとは異なり、イメージが付与されていない物です。しかし、ここでも事例Kと同様に、その使われ方は他者と同じ動きをすることの中に埋め込まれているといえます。具体的には、ナオがバケツから水を手でかき出すとマサも同じように手で水をかき出したり（L6、L7）、ナオがバケツを傾けて水を流すと同じようにバケツを傾けて水を流したり（L14）と、マサはナオの一挙手一投足を丁寧になぞるように動いています。

事例Kでは、同じ物を使うことは同じ身体の動きを通してごっこ遊びのイメージを共有することと結び付いていましたが、ごっこ遊びではなく物にイメージも付与されていない事例Lにおいて、マサがナオと同じ物を持って同じ動きをしていることはどのように説明されるでしょうか。

無藤（1997）は「人との関係はからだを持ったもの同士の関係」であるとし、「人は同じ場所にいて、表情や身振り・動作を真似し合うことが人との間の関係の基本」であり、「同じようなことをすることが親しさを表している。むしろ親しさ自体である」（p.10）と指摘しています。また、第Ⅳ章からは、一緒に遊ぶ仲間であるという仲間意識を共有することは他者と同じ動きをすることに重なることが見いだされています。

したがって、事例Lでのマサがナオとじバケツを使って同じように動いていることは、ナオと一緒に遊びたい、一緒に遊んでいるというマサのナオに対する仲間意識に重なると考えることができます。その場合もまた、ごっこ遊びのイメージが付与された物を使う場合と同様に、同じ動きをすることの中に埋め込まれる形で物が使われるといえます。事例L以外の、物にイメージが付与されていない事例においても、灰色の筒やボールはそれを持った子どもたちの間で「砂の上に立てる」「投げる」という形でほぼ同じ使われ方をしており、このことを傍証しているといえます。

三　まとめ：仲間意識と他者と同じ物を持つこと・使うこと

物を媒介とする同型的行動として、子どもが他者と同じ物を持つという現象に焦点を当て、幼児期の仲間関係と物との関連を明らかにしてきました。具体的な事例の考察から、幼児の仲間関係と子どもが他者と同じ物を持つこととの関連について、以下のようにまとめることができます。

1）他者と同じ物を持つことは、一緒に遊ぶ仲間であることと結び付いている。

2）他者と同じ物を持つことは、同じ動きをすることに埋め込まれる形で、遊びのイメージや仲間意識の共有と結び付いている。

複数の事例の考察から、子どもたちの間には「仲間であるから同じ物を持つ」「同じ物を持つから仲間である」という不文律が存在していると考えられます。このことは、遊びの仲間入りや自分の遊びに誘うために自分が持っている物と同じ物を相手に渡す、他の子どもが持っている物と同じ物を持つという行動にもつながると考えられます。

では、なぜ同じ物を持つことが仲間であることと結び付くのでしょうか。観察の中では「子どもが他者と同じ物を持っていること（持っていないこと）を伝え合い、確認する」事例も見られました。靴下やお弁当のおにぎりなど、大人から見ればささやかと思える共通点を子どもたちは伝え合ったり確認したりしており、子どもにとって他者と同じ物を持っていること自体に意味があることが示唆されます。

友定（1993）は保育所の1・2歳児がお面をかぶっていることや飴をなめていることなど、他の子どもと自分が同じであることを「おんなじー、おんなじー」、「ね、やったー！」などと言いながら喜び合う姿を挙げ、「相手も自分と同じことを知ることは共感しあい、自己を強くする方向に働く。それによって心理的に安定する」（pp.151-152）と指摘しています。おそらく、子どもにとって他者と同じ物を持っていること自体が、他の子どもと自分とのつながりを意識させ、親しみを生み出す契機となるのだと考えられます。

このことの傍証として、物を持っていること（持っていないこと）を仲間入りの条件とする事例の存在が挙げられます。観察では、遊びに他の子どもが加わる際に拒む理由や仲間入りの条件として、物を持っていること（持っていないこと）を挙げる姿が見られました。その中には、井型ブロックで作成したピストルなど進行中のごっこ遊びのイメージと結び付いていると思われる物の有無が条件となっている場合もありますが、注目すべきは靴下や上履きなど、遊びのイメージや内容とは直接関係しない、物の有無も条件となっている点です。これらの事例では、事前に靴下や上履きの有無が仲間入りの条件として提示されていたり意識されていたりした様子はなく、他の子どもが仲間入りしようとしたことをきっかけにして突然言い出された条件である可能性が高いといえます。

しかし、そのような条件であっても、観察期間を通じてこのような物の有無を仲間入りの条件とする事例が複数の異なる場面や子どもたちの間で見られたこと、全ての事例において条件を出された側の子どもが特に反論せず従っていることは、同じ物を持つこと（持たないこと）が仲間であることということにとって重要な要因となり得ることを示唆しています。つまり、仲間関係の内実となる親しみや友情という心理が「物」という文字どおり物理的存在と結び付いており、言い換えるならば、幼児期の仲間関係とは物理的関係として理解することもできます。

これは、他者と同じ物を使うという場合には、子ども同士の仲間関係を具体的な身体の動きとして捉える視点（無藤, 1996a; 1997）に通じるものであり、その際の身体の動きに含み込まれ、身体の動きを支える存在としての物の意義に注目させるものです。また、他者と同じ物を持つことそれ自体が目的化している場合には、身体の動きに置き換わる形で仲間関係を支える物の機能が浮かび上がります。この点において、本章の他者と同じ物を持つという現象の考察は、子どもの人間関係における「使われるものとしての物」と「持たれるものとしての物」という物の機能を示しています。

また、これらのことは、保育における物の意味の多義的理解を促すものであるといえます。保育の中で子どもが他の子ども同じ物を使う場合、特に遊びの中で物を使う場合には、物が提供する行為可能性は物それ自体の物理的特性を超えて、そこで展開する遊びのイメージや遊びに参加する子どもたちの仲間関係と絡まり合いながら生じてくるといえます。

幼児期は見立てやごっこ遊びなどイメージを伴って遊ぶことが盛んになり、仲間関係が芽生え育つ時期であることを踏まえると、遊びを中心的活動として集団生活を送る保育の場における物の意味（行為可能性）は、子どもにとって遊びのイメージや仲間関係などと結び付いた多様で複雑なものとなります。したがって、保育の中で子どもが物を持ち、使うということは、単に物と関わっているのではなく、物が持つ多様な意味を他の子どもたちと共有し、生成するということでもあるといえます。

以上から、他者と同じ物を持つという同型的行動における「物」という媒介は、見立てやごっこ遊びが盛んになる幼児期の遊びの特徴と関連する形で、物それ自体の単一の意味に縛られずに多様な意味を付与され、他者と同じ物を持つという同型的行動はそれらの意味の共有と重なる形で展開するといえます。

そして、物が子どもの仲間関係の形成に影響をもつことを、物の特性として考察した場合、「視覚的アピールの強さ」と「永続性」という2点が指摘できます。

他の子どもと同じ物も持つことと他者と同じ動きをすることを比較した場合、同じ物を持つことは物の形や色が永続的であることから、同じ動きをすることよりも視覚的アピールが強いという特徴をもつといえます。このことは、子どもたちが物の形だけでなく色にもこだわることにつながると考えられます。事例H、I、Lや他の事例においても、色の種類が複数ある遊具や道具の中で子どもたちが同じ色（色の組合せ）の物を持っていました。他者と同じ物を持つ場合に同じ色であることにもこだわりが見られることは、物ならではの特性です。そうした物の視覚的アピールの強さは、同じ動きをすること以上に「仲間であること」の表明として機能する場合もあると考えられます。

また、身体の動きとの比較で言うならば、物の特性として永続性が挙げられます。物は手放したり隠したりしない限り見え続け、存在し続けます。これは、一瞬のうちに消え去る身体の動きとは大きな違いです。したがって、物が半永久的に不変の状態で存在し続けることから、他者と同じ物を持つことは、それらの物を持つ子どもたちにとって自分たちが仲間であることの実在感を持続して支えるものとして機能していると考えられます。

第Ⅶ章

葛藤場面における子どもが他者と同じ発話をすること

本章では、発話を媒介とする同型的行動として、子どもが「他者と同じ発話をする」という現象に焦点を当て、特に葛藤場面における、幼児の仲間関係と他者と同じ発話をすることとの関連を具体的な事例から明らかにしたいと思います。

幼稚園や保育所、認定こども園などで子どもたちが遊ぶ中では、「Aちゃんたちのごっこ遊びに入りたいけれど、入れてもらえない」「ブランコに乗りたいけれど、Bくんが替わってくれない」など、自分と他者との間で葛藤も生じます。子ども同士の葛藤は「いざこざ」と呼ばれることが多く、「いざこざ」は、「けんか」とほぼ同義で用いられる場合もありますが、「けんか」に比べると「いざこざ」はより広い意味での子ども同士のもめごとを指します（無藤, 1992）。いざこざは、物や場所の取り合い、相手からの不快な働きかけ、ルール違反などが原因となって生じます（斉藤・木下・朝生, 1986）。

幼稚園教育要領では、領域「人間関係」の指導の在り方として「人に対する信頼感や思いやりの気持ちは、葛藤やつまずきをも体験し、それらを乗り越えることにより次第に芽生えてくることに配慮すること」（文部科学省, 2017, p.17）とあります。子どもを取り巻く様々な環境の変化から子どもが集団で遊び、時には葛藤することなど、様々な経験をする機会が失われている（中央教育審議会, 2005）現在、子どもにとって葛藤の体験は教育的に重要な意味をもつといえます。具体的には、葛藤を通して子どもは自分と異なる他者の存在に気付き、自分と他者との間で折り合いを付けるなど、社会的スキルを発達させます（Shantz & Hobert, 1987）。つまり、葛藤経験は子どもが感情や行動のコントロールの仕方を学ぶ重要な機会であるといえます。

一 葛藤場面における他者と同じ発話をすること

本章で他者と同じ発話をすることに注目するのは、言語能力が著しく発達し（Tomasello, 2006）会話能力が洗練される（高橋, 2002）幼児期には、身体の動きに加えて発話が子ども同士の相互作用の「媒介」（Werch, 1991/1995; 無藤, 1997）として重要性を増すと考えられるからです。幼児の会話の研究では、会話における模倣は、相互行為への参加（Garvey, 1977/1980; 内田・無藤, 1982; 高橋・松崎, 1988; 瀬野, 2010）や、相手への共感や承認の表明（Keenan, 1974; 深田・倉盛・小坂・石井・横山, 1999）として機能することが明らかとなっています。

これまでの第Ⅳ〜Ⅵ章で、幼児が他者と同じ動きをすることや他者と同じ物を持つことが、仲間関係の形成や維持に重要な機能をもつことを論じてきました。子どもが他者と同じ動きをすることと同様に、他者と同じ発話をすることもまた、幼児の相互作用を促進し、親密性を高めると考えられます。

なお、他者と同じ発話をすることは、葛藤場面に限らず見られるものです。本章で特に葛藤場面における他者と同じ発話をすることを対象とするのは、次の二つの理由からです。

一つめは、葛藤場面では自分の気持ちや考えを主張したり、相手の気持ちや考えを聞いたりするなど、発話が相互作用の媒介として非常に重要となるからです。そのため、子どもが言葉で自分の気持ちを主張し合う姿がよく見られるようになることから、媒介としての発話に注目しやすいと考えたからです。

二つめは、葛藤場面ではない子どもが一緒に遊んでいる場面では、仲間意識やイメージの共有による他者と同じ動きをすることなど、発話以外の媒介による同型的行動も生じやすいと考えられ、他者と同じ発話をすることが他の同型的行動と同時に生じると、媒介の特徴を取り出しにくいと考えたためです。この理由から、本研究の葛藤場面は言葉でのやり取りが見られる事例に焦点を当てる形となっています。

また、本章では、仲間入りを拒んだり（拒まれたり）、相手をからかったり（からかいに抗議したり）するなど、子ども同士の間に欲求や意見の対立が見られる場面を「葛藤場面」とします。したがって、本章で分析対象とする葛藤場面には、言葉によるやり取りを困難にさせる、相手を叩いたり蹴ったりするなどの身体的攻撃や、泣くなどの激しい感情の表出を伴う葛藤場面は含まれていません。

本章における他者と同じ発話をすることの定義は、以下のａ）～ｃ）の3点全てに当てはまるものです。

ａ）２人以上の子どもの間で同じ発話が時間差をもって繰り返される。

ｂ）保育者や他児に同じ発話をすることを指示されたり、強制されたりしていない。

c）偶然に発話が一致したのではなく、発話者の空間的位置やタイミングなどから後続の発話者が先行する発話を聞いていると推測される。

本章では、発話を含む子ども同士の相互作用の詳細を把握するために、２人以上の幼児の間で、最初の発話を含め３回以上繰り返された発話が見られる事例に注目します。定義にあるa）～c）の条件を全て満たし、かつ２人以上の幼児の間で同じ発話が３回以上繰り返された事例を挙げ、葛藤場面における他者と同じ発話をすることを考察します。なお、定義のa）に関して、原則として「同時発話（ユニゾン）」は含みませんが、後述する事例Oでは、事例の一部に同時発話が見られます。

事例の記述では発話を「　」で示し、それに伴う身体の動きを（　）で示し、分析対象となる同じ発話には傍線（実線、破線）を付し、分析対象となる発話には傍線と後の考察に用いるための番号（「M１」など）を付しています。また、事例の発話の時点での子どもたちと保育者のおおよその位置関係を図示しました。

1　仲間であることと同じ発話をすること

事例Mは、既に遊んでいる子ども集団に後から別の子どもが加わる仲間入りの事例です。

事例M　「のんないでよ」（4歳児クラス、5月18日）

遊戯室でナオ、ノブ、シン、タカが積み木で大きな長方形の宇宙船を作っている。廊下の積み木置き場からタカ、シン、ノブが長い積み木を運んでくると、ナオが積み木を置く場所を指示して、積み木を並べていく。ナオ、ノブ、タカ、シンが積み木の上や積み木で囲った中に入っていると、ブロックの銃を持ったカズが宇宙船のそばに寄ってくる。

ナオ：「のんないでよ」（カズを押すように両手をカズに向ける）（M1）
シン：「のんないで」（カズを両手で押す）（M2）
ノブ：「のんないで」（カズを両手で押す）（M3）
シン：「のんないで」（カズを両手で押す）（M4）

カズが「この子にあげる～」とタカにブロックの銃を渡すと、ノブは「ダメ」と言ってタカからブロックの銃を取り上げる。

その後、担任の吉田先生が「どうしてカズくんはダメなの？」とナオたちに尋ねるなど、ナオたちとカズの双方から話を聞き、カズも宇宙船ごっこに加わる。宇宙船の中に入ったカズは嬉しそうな表情を見せる。

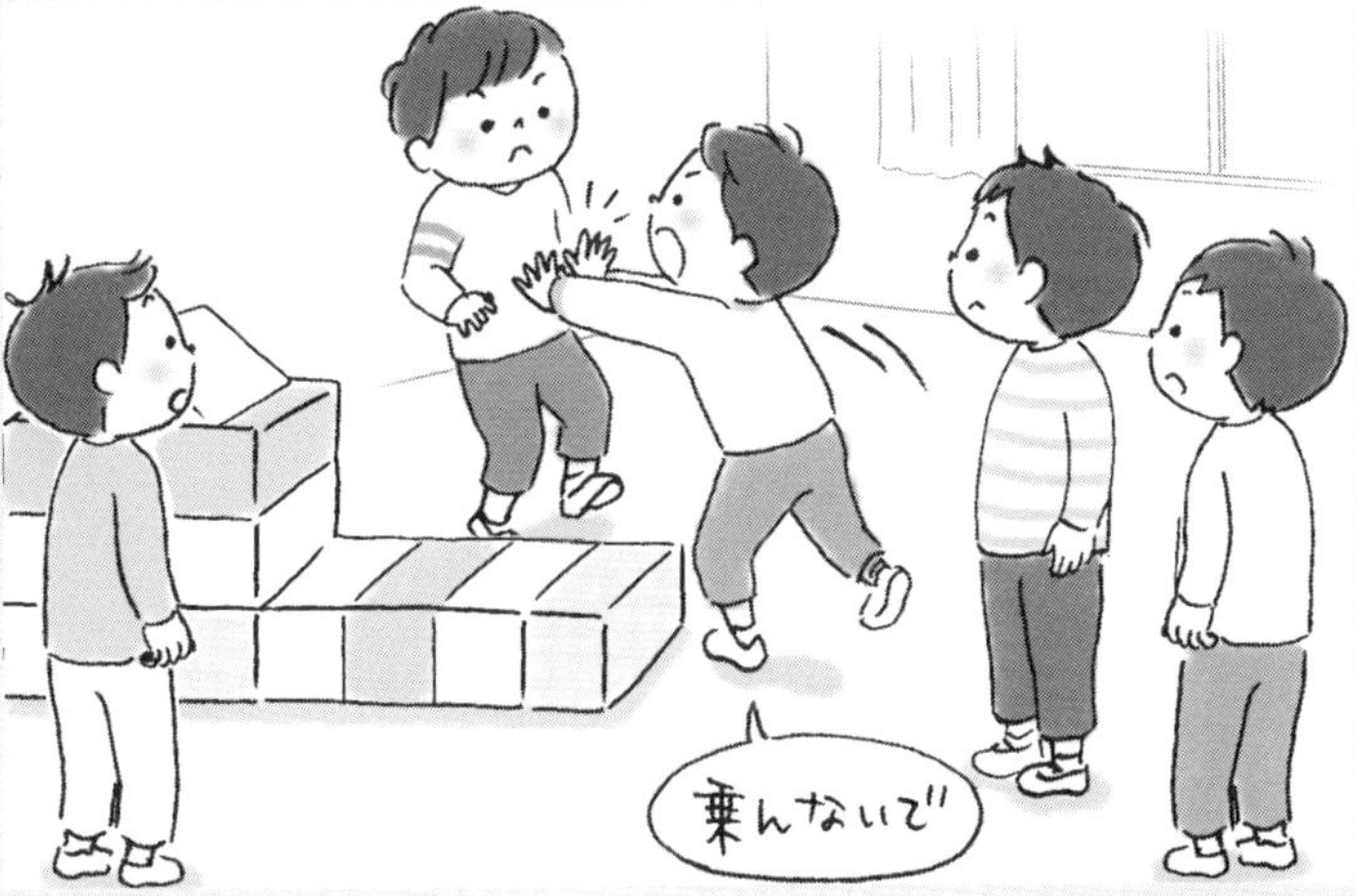

イラスト M3　ノブ（中央）は「のんないで」と言い、カズ（左から２人目）を両手で押す

事例Mは第Ⅳ章の事例E、第Ⅵ章の事例Jと同じ宇宙船ごっこの場面です。事例Mの時期は4月の入園から1か月が過ぎ、子どもたちの中に仲間関係が少しずつでき上がりつつあった時期です。事例Mが観察された頃にはナオたちの男児グループが一緒に遊ぶ姿がよく見られました。また、事例Mの前の場面で、他児が宇宙船に寄ってきた際にもノブが「ぼくたちの宇宙船なんだぞ」と言っていたこと、翌日も同じくナオたちが積み木で宇宙船作りを始めたことなどからも、ナオ、ノブ、シンは自分たちを「一緒に遊ぶ」仲間として意識していたと考えられます。

仲間入りの研究では、行われている遊びに関連した行動をしたり（Corsaro, 1979）「入れて」という儀礼的な言い方をしたり（倉持・無藤, 1991）すると、仲間入りの成功率が高いとされています。しかし、事例Mのカズはそのような行動を取らずに宇宙船に近付いていきていたこともあり、ナオたちはカズを仲間に受け入れることに抵抗を示したと考えられます。この事例Mのビデオ映像でナオたち3人の口調は共に厳しいニュアンスが感じられるものであり、またカズを宇宙船から遠ざけるように「押す」動きをしていることから、「のんないでよ」という発話は、文字どおり「宇宙船ごっこに加わってほしくない」というナオたちの気持ちを示しているといえます。

この事例Mでは、ナオがカズに「のんないでよ」と押し出すように両手を向けた後（M1）、シンとノブも「のんないで」と同じ発話と「押す」という動きも繰り返しています（M2〜4）。第Ⅳ章で明らかにしたように、幼児が他者と同じ動きをすることが仲間意識の共有に重なり、仲間関係の外部の子どもにその関係を示す機能ももつこと、2〜3歳頃から子ども間に見られる「遊びの伝染」「模倣」が集団境界やメンバーシップの意識化につながる（山本, 2000）ことを踏まえるならば、「のんないで」の発話と「押す」動きはナオたちの間の仲間意識の共有に関連すると考えられます。ナオ、シン、ノブの同じ発話と同じ動きはカズの仲間入りを拒むことの表明であるとともに、３人が仲間であることの確認作業としても解釈することができます。

仲間入りの研究では、仲間入り側が用いる方略（Corsaro, 1979; 倉持, 1994; 松井・無藤・門山, 2001）や、受け入れる側の子どもの対応（青井, 1995; 倉持・柴坂, 1999）の研究が積み重ねられてきています。それらの知見では、例えば、受入れ側の子どもの対応としては、後から入ってきた子どもが一緒に遊びたい子どもである場合、仲間入りされる側の子どもに遊びのプランや役割などの情報を与えたり遊びのストーリーを保留したりしますが、後から入ってきた子どもが一緒に遊びたくない子どもである場合には、仲間入りの条件を提示したり仲間入りを拒否する理由を述べたりすることが明らかになっています（青井, 1995）。仲間入り側と受入れ側のどちらにより注目するかの違いはあるにせよ、従来の仲間入り研究では、仲間入り側と受入れ側との相互行為に焦点が当てられてきたといえます。

しかし、複数の子どもが共通のテーマやイメージをもち、役割を分担して遊ぶようになる幼児期後半には、仲間入りにおける子どもの会話は、「仲間入り側」と「受入れ側」との相互行為としてだけでなく、受入れ側集団内の相互行為としても捉える必要があるといえます。事例Mのように受入れ側の子どもが複数で共通のイメージで遊んでいる場合には、新しい仲間の受入れは、受入れ側にとっては自分たちの遊びの再調整を必要とし、それまでの遊びが壊れるリスクを負う（青井，2000）からです。したがって、仲間入り場面において、子どもは仲間入り側に応答しながら、同時に受入れ集団内の調整を図っていると考えられます。

2 発話の楽しさの共有と他者と同じ発話をすること

事例Mと同様に、事例Nも仲間入りの事例です。

事例N「勝手に座るな、勝手に座るな」（4歳児クラス、6月15日）

保育室のままごとコーナーで、丸テーブルを囲んでエミ、チカ、アキ、ユリ、リナが、その隣のテーブルでハルが毛糸を切ってラーメン作りをしている。そこにノブがやって来て、ハルと同じテーブルの椅子に座ろうとする。

エミ：「勝手に座るな」（椅子に座って、ノブのほうに若干顔を向けながら）（N1）

ユリ：「勝手に座るな、勝手に座るな」（椅子に座って体をノブのほうに向けて、笑いを浮かべながら）（N2）

ノブ：「撃つぞー」（テーブルのそばに立って、ブロックの銃をユリに向ける）

エミ：「勝手に座るな、勝手に座るな」（座って、ノブのほうを見て、発話に合わせてリズムを取るよ

イラストN2　ユリ（左丸テーブル右端）が「勝手に座るな」とノブ（右端）に言う

うに両腕を上下させながら）（N3）

吉田先生：「『どうして？』って聞いてみたら？　ノブくん」（少し離れた場所から声がする）

ノブ：「どうして？」（立ってブロックの銃をユリたちに向けたままで）

ユリ：「勝手に座るな、勝手に座るな」（座ってノブのほうを見て笑いを浮かべながら）（N4）

担任の吉田先生が「どうしてダメなの？　ノブくん」とユリたちに尋ねると、ユリたちは「だって（ノブくんは）ラーメン作りしてない」と答える。リナは「お料理作りする？　やりたいノブくん？」とノブのそばに寄ってきて尋ねる。

事例Nでは、保育室のままごとコーナーとそれに隣接するテーブルでエミたちがラーメン作りをしていました。ノブはこの日、他の子どもたちよりも40分ほど遅く登園し、園庭などで他の子に声をかけたりしてから、エミたちのそばにやって来ました。ノブが席に着こうとしたテーブルはエミたちが囲んでいたテーブルとは別のテーブルで、ハルしかおらず、席には余裕がありました。しかし、エミたちはそのテーブルを自分たちの「ラーメン（お料理）作り」の場と感じていたため、エミは「勝手に座るな」と自分たちの領分（テリトリー）を示す発話をしたと考えられます（N1）。また、遊び始めてから時間が経っていたこともあり、遅く登園したノブが仲間入りすることに低抗を感じたとも考えられます。

事例Nの「勝手に座るな」は事例Mほど直接的に拒否していませんが、仲間入りを牽制する発話

譜1

譜2

かっ て に す わ る な かっ て に す わ る な
かっ て に す わ る な かっ て に す わ る な

注：譜1と譜2は1小節目の最初の音（ソとラ）のみ異なる。

図7-1　事例Nの「勝手に座るな、勝手に座るな」の旋律

です。しかし、この発話は笑いを帯びてリズミカルに繰り返され（N2〜4）、発話に遊戯性と挑発性（牧, 2009）が感じられることから、「からかい」や「ふざけ」としても解釈できます。幼児はからかいやふざけによって、他者との関係を構築・維持したり（牧, 2009）、いざこざの緊迫を回避したりする（堀越・無藤, 2000）ことから、エミたちの発話には、ノブの関心を引きつけようとする気持ちや、あからさまに拒否することで生じるいざこざを避けようとする意図があったとも考えられます。

事例Nを詳しく見ると、エミの「勝手に座るな」という発話（N1）をユリが「勝手に座るな、勝手に座るな」と2回続け（N2）、更にそれをエミとユリが繰り返しています（N3、N4）。前述したように、エミとユリの声の調子や表情には笑いがにじみ、発話することを楽しんでいる様子もうかがわれました。また、エミとユリの発話はほぼ同じ旋律で繰り返されていました。最初のエミの発話（N1）が図7-1の譜1、続くユリの発話（N2）は譜2、その後のエミとユリの発話（N3、N4）は譜1の旋律で、それらの発話は「話している」というよりも「歌っている」ようでした。

事例Nの同じ発話の繰り返しは、事例Mの押す動きのように身体を動かしてはいません。しかし、発話にも身体の動きに通じる身体的表出があると考えられます。Sterm（1985/1989）が提唱した、乳児が捉える出来事の活性水準（エネルギー水準）や活動性の輪郭（パターン）、リズムなどのグローバルな様相である「身体にねざすある感じ（広義の情動）」を指す“vitality affect”の概念を、鯨岡（1997）は、子どもと養育者とのコミュニケーションに敷衍し、両者の身体の表出が「情動価（vitality affect）」をもつとしています。したがって、身体の動き、表情、声の調子、更にはそれらが表出する身体に根差す「情動価（vitality affect）」（鯨岡, 1997）も含めて「身体性」と呼ぶならば、事例Nは他者と同じ発話をすることが、発話の根ざす身体性の共有でもあることを示唆しているといえます。

幼児の会話には相手の発話をそのまま反復したり、一部に変形や拡張を加えたりしてリズミカルに交替する「ことば遊び」が見られます（Garvey, 1984/1987）。また、保育の中では、仲間入りの際に「いーれーて」「いーいーよ」などと同じ呼吸周期でリズミカルにやり取りする応答唱（岡本, 2003）や自分の言葉に抑揚を付けリズミカルに唱える「作り歌」もよく見られます（岡本, 2009）。これらの行為は、言葉の意味を伝えることではなく、唱える行為そのものに心地よさや楽しさがあるとされます。したがって、事例Nの「勝手に座るな」の発話を通して、エミとユリは発話すること自体に楽しさや面白さを感じていたと考えられます。

事例Mでは同じ発話が連続して繰り返されていましたが、事例Nでは発話の繰り返しに間があったこと、エミたちが「勝手に座るな」を繰り返す間ノブは立ったままでいたことからも、事例Nにおける他者と同じ発話をすることは、仲間入り側に対する受入れ側の意思表示であるだけでなく、むしろそれよりも受入れ側の子ども同士の相互行為でもあると考えられます。事例Mでは他者と同じ発話をすることで仲間意識を共有していたと考えられますが、事例Nでは発話の楽しさを共有していたと考えられます。

3 他者と同じ発話を繰り返すことが遊びになること

前述したように、事例Nの「勝手に座るな」の発話は「からかい」や「ふざけ」であったとも考えられ、エミとユリはそもそも楽しむためにこれを発話していたともいえます。しかし、同じ発話を繰り返すことそれ自体が楽しさを生じさせ、それを強めた可能性も考えられます。そこで最後に、相互作用の媒介としての発話の特質を示唆する事例を取り上げ、考察します。

事例Oは、園庭で遊んでいたときの事例です。

事例O　「おばさん」「おばさんじゃないでしょ」（4歳児クラス、5月25日）

園庭の木製の低い遊具の中に、ノブ、シン、キク（5歳児クラス）、タカたちがいる。遊具のそばにやって来たリナとアイに対してノブが「おばさん」とからかうように言い、それに対してリナとアイが「あんたのバカ」と言い返す。

リナ：「おばさんじゃないでしょ」（飛び跳ねながら）（O1）
アイ：「おばさんじゃないでしょ」（大きく飛び跳ねながら）（O2）
ノブ：「だって……（聞き取り不能）って言わなーい」（遊具の中に立って）（O3）
シン：「おばちゃん」（遊具の中に立って）（O4）
アイ：「おばちゃんじゃないでしょ」（シンに近付いて飛び跳ねながら）（O5）
ノブ：「聞こえない」（遊具の中に立って首を振る）（O6）
シン：「おばちゃん」（遊具の中に立って）（O7）
アイ：「おばちゃんじゃないでしょ」（軽くジャンプして少し笑いながら）（O8）
ノブ：「おばちゃん」（遊具の中に立って）（O9）
アイ：「おばちゃんじゃないでしょ」（ジャンプして少し笑いながら）（O10）
リナ：「うははは」（アイの隣で体を屈めて笑う）（O11）
コウ：「おばちゃん」（遊具に上って）（O12）
シン：「おばちゃん」（遊具に上って）（O13）
ノブ：「おばちゃん」（遊具に上って）（O14）
［同時発話］（O12〜O14）
アイ：「おばさんじゃないでしょー」（O15）

イラスト010、011　アイ（右奥）が遊具の中にいるノブたちに向かって「おばちゃんじゃないでしょ」と言い、リナは体を屈めて笑う

アイ：「しょー」（飛び跳ねて語尾を強めて）（O16）
リナ：「しょ」（体を屈めて大きい声で）（O17）
同時発話

この後リナは遊具から離れ、しばらくして担任の川田先生と一緒に遊具のところに戻ってくる。吉田先生は「（リナちゃんが）怒って（私のところに）来たんだけど？　ぷんぷんって」と言って、ノブたちに事情を聞く。川田先生は、相手が言われて嫌なことは言わないようにとノブたちに話す。

注）事例Oでは、シンたちの「おばさん（おばちゃん）」の発話に波線、リナたちの「おばさん（おばちゃん）じゃないでしょ」の発話に実線を付して区別した。

この幼稚園では、4歳児クラスと5歳児クラスの子どもたちが同じ時間帯に園庭で遊ぶことが多く、事例Oでも4歳児のノブたちの中に5歳児のキクが交じって遊んでいました。事例Oでは、ノブやシンら男児たちの「おばちゃん」（O4、O7、Q9、O12〜14）とリナとアイの「おばさん（おばちゃん）じゃないでしょ」（O1、O2、O5、O8、Q10、O15〜17）の、2種類の他者と同じ発話をすることが見られます。後者のリナとアイの「おばさん（おばちゃん）じゃないでしょ」の発話では、事例Mと同様に、発話とともに飛び跳ねたりジャンプしたりする動きも繰り返されており、事例Oにおいても他者と同じ発話をすることにおける発話と身体の一体性を指摘することができます。

事例OのO1からO7までのやり取りでは、ノブたちの「おばさん」というからかいの言葉に対して、リナとアイは飛び跳ねる動きとともに「おばさんじゃないでしょ」と全身を使って強く言い返しています。しかしその後、アイは「おばちゃんじゃないでしょ」と少し笑いながら言い返しており（O8、O10）、その直後にリナも体を屈めて「うはははは」と笑い出しています（O11）。そのため、O8以降のアイとリナの発話は、字義的にはノブたちのからかいに対する抗議を示しつつも、事例Nの「勝手に座るな」と同様に面白さや楽しさを表出するものとなっています。

したがって、「おばさん（おばちゃん）じゃないでしょ」という発話が繰り返される中から、発話すること自体の面白さが生じてきたと考えることができます。友啓（1993）は、乳幼児の笑いの発達について、4歳頃になると子どもはおかしさを友達と共有して笑い合うことを楽しむと指摘しています。リナとアイの笑いは発話の繰り返しから生じたおかしさによるものだと考えられます。

北村（1992）は「子どもは何でも遊びにしてしまう。何ごとも繰り返せば遊びになる」（p.25）とし、「遊びのルールは、『繰り返し』を可能にするものとしての『形式』そのものだと言える。遊びにおいて私たちは、ルールに即して自分たちの振る舞いを構造化して、それを遊びという独特のものにしているのだと考えられる」（p.38）と指摘しています。もともとはからかいに対する抗議であったアイたちの発話は、それを繰り返す中で振る舞いが構造化され、そこに「遊び」の要素が生まれたと考えることができます。

また、事例Oではノブたちの「おばちゃん」とアイたちの「おばさん（おばちゃん）じゃないでしょ」という発話がほぼ交互に繰り返されています。からかう側のノブたちと、からかわれた側のアイたちの間に「かけ合い」の形式が生じ、これが更に発話の楽しさや面白さにつながったとも考えられます。事例Oの後半で、シンとノブが「おばちゃん」（O12、O13）、リナとアイが「おばさんじゃないでしょー」の「しょー」（O16、O17）を同時に発話していることは、彼らの間で〈「おばちゃん」⇓「おばさんじゃないでしょ」⇓「おばさん」……〉というかけ合いの形式が共有されていたことを傍証しています。

柴坂・倉持（2009）は幼稚園のお弁当時間の「～の人、手ー挙げてー」「はーい」のやり取りに見られる共有ルーティンが仲間活動への参加や自己呈示として重要であること、ルーティンの繰り返しが子どもの間に高い興奮や一体感を生じさせることを明らかにしています。事例Oのノブたちとアイたちとの「おばちゃん」→「おばさんじゃないでしょ」のかけ合いは、共有ルーティンとして解釈することもできます。

この事例Oのように、意見や欲求が対立する葛藤場面であっても、発話の繰り返しが子どもの振る舞いを構造化し、その結果として相互行為が遊びにもなる背景には、相互作用の媒介としての発話の特質が指摘できます。言葉は抽象的な記号であることから、再現しやすく反復しやすいという特徴をもちます。

同じ言葉を繰り返し発話することで、その言葉の字義的意味が消失して単なる音の連なりとして認知されることは、「意味飽和（semantic satiation）」（岩田, 1990）と呼ばれる現象です。本章で取り上げた3事例ではともに、同じ発話をすることは同じ動き（声の高さ、リズムを含む）と関連しており、幼児にとって発話は身体の動きと一体となって共有される傾向が強いといえます。しかし同時に、事例Oから、言葉の反復しやすさが、もともとの発話が表出していた抗議の意味を示す怒りや真剣さなどの情動価（vitality affect）を失わせ、その発話を繰り返すこと自体の楽しさや面白さという新たな情動価（vitality affect）を帯びることを示唆しています。

二　まとめ：葛藤場面における他者と同じ発話をすること

発話を媒介とする同型的行動として、子どもが他者と同じ発話をするという現象に焦点を当て、特に葛藤場面における、幼児の仲間関係と他者と同じ発話をすることとの関連を明らかにしてきました。具体的な事例の考察から、幼児の仲間関係と葛藤場面における子どもが他者と同じ発話をすることとの関連について、以下のようにまとめることができます。

1）葛藤場面において、対立する相手に向けられた発話を、立場を同じくする子ども同士が繰り返すことは、仲間意識や発話の楽しさの共有となる。

2）他の子どもと同じ発話をすることは、発話に伴う身体の動きや表情、情動価（vitality affect）などの身体性の共有となる。

3）同じ発話を繰り返すことによって、抗議などの発話が遊びに変化する。

以下に、これらの知見についての研究・実践上の示唆として、4点を述べます。

1点目は、葛藤場面の発話は、対立する子ども同士の相互作用であるだけでなく、仲間同士の相互作用でもあるという示唆です。葛藤は「〈仲間入り側〉と〈受け入れ側〉」や「〈からかう側〉と〈からかわれる側〉」など、欲求や意見が対立する子ども同士の相互作用として捉えられがちです。しかし、本章の3事例の考察から、対立する立場の子どもに向けられた発話が、自分と立場を同じくする他の子どもとの間で仲間意識（事例M）や発話の楽しさ（事例N、O）を共有する発話としても機能していることが明らかになりました。

葛藤場面で他者と同じ発話をすることは、発話が一緒に遊んでいる仲間の発話の繰り返しである場合には、仲間関係を確認し、「仲間の子ども」と「仲間でない子ども」との境界を浮かび上がらせるものであるともいえます。つまり、葛藤場面における相互行為の対象は、対立する立場の子どもであると同時に、自分が属する仲間集団の他の子どもでもあるといえます。このことは、他の子どもへの同調が仲間関係を形成し維持するという、子どもの葛藤場面での子どもの行動を集団力学の観点から理解する視点をもたらします。

2点目は、他者と同じ発話をすることは、身体の動きや調子を含む身体性の共有でもあるという示唆です。本章の3事例に共通して、他者と同じ発話をすることとともに、身体の動きや表情、声の調子、情動価（vitality affect）といった身体性を共有することも共有されていました。言葉の発生の基盤には、身体を動かして何かを指し示す「身振り」と「自己と他者とが同型的存在である」という認識が不可欠であり（麻生, 1992）、また、乳児期には声や動きをお互いに合わせる「うたう関係」と呼ばれる共鳴的で同調的なコミュニケーションが見られます（やまだ, 1996）。

　これらの言語獲得の発生的基盤と人生初期のコミュニケーションの発達的特徴を踏まえるならば、発話とは原初的に身体に根差したものであり、幼児期の子ども同士の相互行為においても、発話と身体が一体となって共鳴的・同調的に繰り返されることは自然なことであるといえます。しかし一方で、同じ発話を繰り返すうちに、葛藤が遊びに変容する事例Oの考察からは、身体とは異なる、記号としての抽象性と反復しやすさという発話がもつ言葉としての特質が示唆されます。

　これらの発話と身体の関係を本章の事例に即して述べると、次のようにいえます。発話は身体性と一体となって子どもの間で共有されやすい（事例M）ことから、発話が表出する楽しさや面白さは他の子どもに伝わりやすい（事例N）といえます。同時に、発話を構成する言葉は記号であり反復しやすいことから、繰り返す中で意味が変容し、当初は遊びではなかった発話が遊びになることもある（事例O）といえます。

　この「身体性と一体であること」と「反復しやすさ」は葛藤場面に限らず、あらゆる場面における幼児の発話の特徴であるともいえます。本章の事例に限らず、第Ⅳ章や第Ⅵ章の事例で詳しく考察した事例においても、発話と身体の動きの両方が一体となって複数の子どもの間で繰り返されていたことは、このことを支持するといえます。

3点目は、葛藤と遊びの境界の複雑さという示唆です。事例Nと事例Oでは、子どもの間で繰り返される同じ発話は笑いを帯び、ふざけやからかいの要素ももつものでした。事例Oでは、当初は男児たちのからかいと、それに対する女児たちの抗議であった相互作用が繰り返される中で、かけ合いのような「遊び」になっていました。これらの事例における相互作用について、子どもたちにとってはどこまでが葛藤でどこからが遊びだったのでしょうか。加用（1993）は遊びを子どもの心理状態から捉える「心理状態主義」の立場から、遊びとは「強制と自主性」「本気と非本気」「結果志向と過程志向」「外的目標志向と内的目標志向」（p.8）の境目にあり、これらの分岐点をぶらつくからこそ遊びであると指摘しています。

この指摘を踏まえるならば、子どもは葛藤しながらもちょっとしたきっかけから遊びに転じ、遊びながらも葛藤するのだといえます。子どもにとっての遊びと葛藤の境界は、相互作用を通して揺れながら生成されるのだといえます。したがって、葛藤場面における子どもの感情は揺れを伴うもの、一様ではない多様で複雑なものとして理解することが必要となります。

なお、喫緊の教育課題である「いじめ」では、子どもが葛藤と遊びの境界を見誤ったり、葛藤を遊びとして隠ぺいしたりすることが、いじめの引き金となったり、それを深刻化させる一因になったりすると考えられます。したがって、子どもの遊びと葛藤との境界を揺れ動く経験を、いかに捉え援助・指導するかが保育者の役割として重要になるといえます。

これに関連して、4点目は、葛藤場面における保育者の関わりの重要性という示唆です。事例N

と事例Oの発話は「ふざけ」や「からかい」として解釈できるものでした。これらの行為は、子どもにとっては遊びでもある場合が多く、一見すると遊びのように見えてしまいます。中野（1992）はゲームの勝敗やルールなどをめぐる「かけひき、騙し、いじめ、じらし、からかい、冗談のような『遊びの中のやりとり』」（p.75）を「遊びのフレーム」（Bateson, 1979/1982）で遊ぶ姿であるとして、遊び行為の一部に含めて捉えています。

したがって、ふざけやからかいによって嫌な気持ちになったことや、相手の行為が不当であることを子どもが認識したり、表明したりしにくい場合が生じるといえます。このため、子ども同士の葛藤に対して保育者は、揺れを伴う子どもの感情を理解しながら、葛藤を通して子ども同士が互いの感情に気付き、適切な関わり方を身に付けられるように援助する必要があります。

幼稚園や保育所、認定こども園などには「みんな仲良くいっしょに遊ぶ」という規範があり（青井, 2000）、保育者の対応がこれらの立場や規範に影響される一方で、子ども自身も保育者のもつ規範を内在化し、それに合う行動を取ることも指摘されています（青井, 2000; 山本, 2000）。本章の3事例における吉田先生の疑問形の言葉かけは、大人の規範を意識して子どもが自分の主張を抑えて表面的な葛藤を装うことにならないように、それぞれの立場の主張する機会を与えるものであるともいえます。

本章の3事例ともに、子ども同士のやり取りの後、担任の吉田先生が子ども同士の間に入り言葉をかけていました。その言葉かけは、「どうしてカズくんはダメなの？」（事例M）、「『どうして？』

って聞いてみたら?」「どうしてダメなの? ノブくん」(事例N)、「(リナちゃんが)怒って(私のところに)来たんだけど?」(事例O)といずれも疑問形でした。

吉田先生は入園以来の子どもたちの仲間関係、更に事例の前後の場面を見ていたり、事例当時の状況から推測したりして、子どもの感情や行動をほぼ把握していたと思われます。しかし、保育者自身は既に知っている場合でも、葛藤の理由や経緯を子どもに尋ねることには、大人の権威によってではなく、子ども同士の交渉によって葛藤を解決できるようにする意図があると考えられます。そのような保育者の関わりは、子ども同士の対話を促し、対話を通して自分の感情を言語化し、他者の感情を理解することにつながり、子どもの感情の言語化をもたらす重要な役割をもつといえます。

第VIII章

まとめ

本書では、同型的行動を構成する具体的な媒介に注目し、それらの特性を考慮することによって、同型的行動が仲間関係に及ぼす影響や、仲間関係において果たす機能を明らかにしてきました。以下では、これまでの章を振り返り、本書のまとめを示したいと思います。

一　幼児期の仲間関係における同型的行動の機能

幼児の仲間関係における同型的行動の機能について、以下に各章の研究から見いだされた知見をまとめます。同型的行動のうち、他者と同じ動きをすることは第Ⅳ章と第Ⅴ章で、他者と同じ物を持つこと第Ⅵ章で、他者と同じ発話をすることは第Ⅶ章で分析、考察を行いました。

第Ⅳ章では、主に躍動遊びの事例の分析から、幼児の仲間関係と他者と同じ動きをすることとの関連を明らかにしました。具体的な事例の考察から、子どもが他者と同じ動きをすることは、仲間意識の共有の確認や維持、その獲得の機能をもつことが見いだされました。

また、他者と同じ動きをすることが、一緒に遊んでいる仲間関係内部のメンバーに対してだけでなく、その関係に属さない外部の子どもに対して、自分たちの仲間関係を示す機能ももつことも見いだされました。

更に、ごっこ遊びの事例からは、ごっこ遊びにおける子どもが他者と同じ動きをすることの機能を明らかにしました。具体的な事例の考察から、他者と同じ動きをすることは、ごっこ遊びの役柄や状況設定、テーマなどのイメージの共有に重なることが見いだされました。他者と同じ動きをすることで、子どもはイメージを共有し、遊びを維持し、展開させているといえます。

第Ⅴ章では、子どもが一緒に遊ぶことは場の共有であることを踏まえ、場の共有と他者と同じ動きをすることとの関連を明らかにしました。遊びの中で他者がつくった場に入る際に場の使い方を教える／教えられる具体的な事例の考察から、場の使い方を教えること／教えられること自体が、遊びへの仲間入りの承認や働きかけとして機能し、場の使い方を共有することは、場をつくったり先にその場にいたりした他者と同じ動きをすることであることが明らかになりました。第Ⅳ章においてごっこ遊びのイメージが身体の動きとして共有されることが見いだされたことと同様に、場の使い方というルールは、他者と同じ動きをするという身体の動きとして実践されているといえます。

第Ⅴ章では、子どもがつくった場においては、その場をつくった／先にいた場に子どもが場の使い方を決めたり指示したりする権利（「製作者／先行専有者による指示・決定の原則」）があることも見いだされました。これは、遊びという自由度の高い活動において、子どもが他者と共に遊ぶための暗黙的ルールの存在を示すとともに、幼児の仲間関係における「身体知」（無藤, 1996a）の表れとも捉えられます。

第Ⅵ章では、ごっこ遊びや仲間入りにおける事例の分析から、幼児の仲間関係と子どもが他者と同じ物を持つこととの関連を明らかにしました。具体的な事例の考察から、他者と同じ物を持つことは、一緒に遊ぶ仲間であることと結び付き、他の子どもと同じ物を使うことは、同じ動きをすることに埋め込まれる形で、遊びのイメージや仲間意識の共有と結び付いていることが見いだされました。

第Ⅶ章では、仲間入りの拒否やからかいなどの葛藤場面の事例の分析から、幼児の仲間関係と子どもが他者と同じ発話をすることとの関連を明らかにしました。具体的な事例の考察から、葛藤場面において、対立する相手に向けられた発話を、立場を同じくする子ども同士が繰り返すことは、仲間意識や発話の楽しさの共有となることが見いだされました。

しかしその一方で、同じ発話を繰り返すことによって、当初は抗議の意味を帯びていた発話が、発話すること自体や発話の「かけ合い」といった遊びに変化することも見いだされました。発話を媒介とする同型的行動の繰り返しが相互作用の意味を変化させるといえます。

これらの各章の研究で得られた知見を総合すると、子どもの同型的行動は、次の5点において、幼児の仲間関係の成立、維持、展開に寄与するといえます。

・第一に、他者と同じ動きをすることや他者と同じ物を持つこと自体が仲間入りの契機となったり、仲間であることの承認となったりして（第Ⅳ章、第Ⅵ章）、仲間関係の成立に寄与する。

・第二に、仲間であることそれ自体、すなわち仲間意識を共有していることが、他者と同じ動きをすることや他者と同じ物を持つこと、他者と同じ発話をすることに重なることから（第Ⅳ章、第Ⅵ章、第Ⅶ章）、同型的行動は仲間関係の確認や維持に寄与する。

・第三に、仲間入りを拒むなどの葛藤場面では、他者と同じ動きをすることなどの同型的行動は、仲間関係の内部に対する確認だけでなく、仲間関係の境界を外部に示す。つまり、仲間関係の内外に仲間関係をアピールする機能を併せもつ（第Ⅳ章、第Ⅵ章、第Ⅶ章）。

・第四に、ごっこ遊びや子ども自身が場を構成した遊びでは、具体的なイメージや場の使い方の共有が他者と同じ動きをすることに重なることから（第Ⅳ章、第Ⅴ章）、遊びの維持や展開に寄与する。

・第五に、他者と同じ発話をすることの繰り返しによって相互作用の質が変容する場合もあることから（第Ⅶ章）、同型的行動自体が遊びを生成することに寄与する。

二　同型的行動における媒介の特性の違い

本書では、相互作用の媒介の特性を考慮する目的から、他者と同じ動きをすること、他者と同じ物を持つこと、他者と同じ発話をすることの3種類の同型的行動を取り上げました。第Ⅳ章から第Ⅶ章までの分析、考察から見いだされた、媒介の特性による同型的行動の違いを以下に述べます。

まず、相互作用の媒介としての身体の動きの特性を考慮した場合、他者と同じ動きをすることは、対人コミュニケーションの基底となる身体の情動価（vitality affect）（鯨岡, 1997）の共有を子どもたちの間に生じさせると考えられます。他者と同じ動きをすることは、自分自身にとっては内受容的な身体感覚の経験につながり、他者にとっては視覚を通して可視化されることで、仲間意識に実在感を与えるといえます。

次に、相互作用の媒介としての物の特性を考慮した場合、他者と同じ物を持つことは、物の永続性と視覚的効果の強さという特徴から、同じ物を持つ者同士の間のつながりを持続的に可視化し、自他に明示するものとなります。第Ⅵ章では、子どもが同じ物を持つ事例の半数以上で物に見立てのイメージが付与されていました。更に、子どもが物を組み合わせて構成された場に注目した第Ⅴ章においても、場にはごっこ遊びに関するイメージが付与されていました。

このことから、幼稚園などの保育実践の現場における物とは、子ども自身が物に付与したイメージや仲間関係のシンボルなど、多様な意味をもつものであるといえます。したがって、同型的行動の媒介としての物は、あらゆる物に普遍的な永続性と視覚的効果という特性と、遊びを中心とする幼児教育・保育の実践に特徴的なイメージの付与という2種類の特性を併せもつといえます。

最後に、相互作用の媒介としての発話の特性を考慮した場合、他者と同じ発話をすることは、身体と一体となって繰り返されることから、発話に伴う身体の動きや表情、情動価（vitality affect）などの身体性を帯びる点で、身体の動きと共通の特性をもちます。

しかしその一方で、繰り返すことが意味変容や遊びの生成につながるといった現象に見られるように、発話は抽象性や反復しやすさという身体の動きや物にはない独自の特性をもちます。これらの発話の特性のうち、反復しやすさは、ナンセンスな言葉遊びを楽しむ幼児の特徴と関連するものであることから、あらゆる発話に普遍的な特性というよりは、幼児期の遊びとの関連が深いものであるといえます。

以上の、同型的行動の機能と媒介ごとの特性を関連付けて本研究の結果をまとめたものが図8-1です。

図8-1で示すように、本書で取り上げた身体の動き、物、発話の3種類の同型的行動は、それぞれに媒介として特性をもちます。身体の動きは情動価（vitality affect）と視覚的効果をもつことによって、内受容的身体感覚と可視化につながり、それが仲間関係に実在感を与えます。物は、視覚的効果と永続性によって、身体の動きと同様に仲間関係に実在感を与えるとともに、ごっこ遊びなどで物にイメージが付与されることによって、相互作用内で意味の多様性を帯びるものとなります。発話は、身体と同様に情動価（vitality affect）によって仲間関係に実在感を与える一方で、抽象性と反復しやすさという特性によって、葛藤が遊びに変化するなど相互作用の意味変容を生じさせることもあり、意味の多様性を帯びます。

そして、これらの媒介としての特性によって、本研究で取り上げた3種類の同型的行動は、①仲間関係の成立、②仲間関係の確認や維持、③仲間関係の内外に対するアピール、④遊びの維持や展開、⑤繰り返しによる遊びの生成、という機能を果たし、仲間関係の成立、維持、展開に寄与しています。

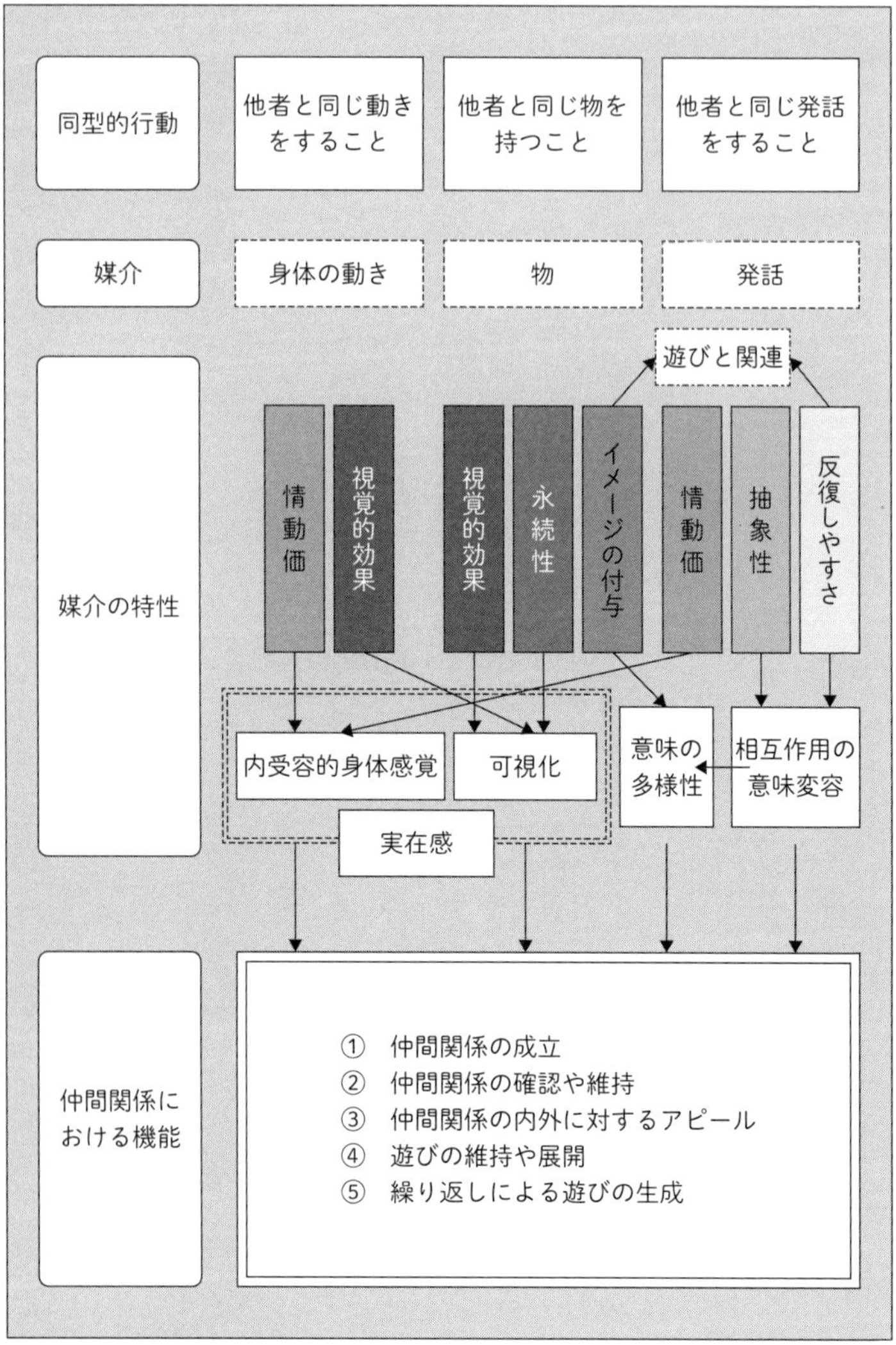

図 8-1　本研究の結果のまとめ

三　本研究が幼児教育・保育にもたらす意義

本書の結果が幼児教育・保育にもたらす意義として、先行研究との関連において次の2点が挙げられます。

まず、これまで媒介による区別が曖昧であった同型的行動を媒介の特性を考慮して分析、考察したことにより、同型的行動の仲間関係における機能を媒介の特性との関連において説明することができました。このことにより、「仲のよい子ども同士は同じことをする」という、保育実践の現場で実践者によって長く経験的に理解され共有されてきた事象を、実証的に説明することが可能になったといえます。

また、先行研究では同型的行動は幼児期後半に減少し、からかいなどのネガティブな意味をもつとされていましたが、幼稚園の4・5歳児クラスの事例を分析、考察した本書の結果からは、幼児期後半においても同型的行動は仲間関係の成立、維持、展開に寄与することが明らかとなりました。同型的行動が仲間関係に対してネガティブな機能をもつかポジティブな機能をもつかは、単に子どもの年齢によって判断されるのではなく、個別具体的な事例における同型的行動の「質」の判断も必要とするといえます。

「いじめ」が深刻かつ喫緊の教育課題となっている現状においては、子ども同士の相互作用を丁寧に読み取ることが保育者、教師に強く求められるといえます。他者の行動を繰り返すことによって他者をからかったり、からかいの意図はなくても行動を模倣された側が拒否的な反応を示したりすることも想像に難くありません。同型的行動がポジティブな機能を果たす場合とネガティブな機能を果たす場合との違いが何によるものなのか、同型的行動と括られる相互作用の中に「遊び」「ふざけ」「からかい」「いじめ」などの区別がいかに見いだし得るかを検討することは、子どもの仲間関係研究の最重要課題の一つといえます。そのためには、相互作用が生じた文脈、相互作用内のより微細な表情や声の抑揚など、相互作用をより微細に検討する必要があるといえます。

最後に、近年ますます「保育の質」が重要視されるようになっています。本研究の結果は、保育の質の中でも子どもの発達に深く関わる「関係の質」（OECD, 2006）を構成する子ども同士の相互作用についての理解を深めるものと考えられます。本書の結果は、保育者に対して子ども同士の相互作用のより詳細な理解の重要性を示唆するものといえます。そして、幼児期における仲間関係が微細で具体的な行動の積み重ねによるものであることを説明し、その積み重ねを可能にする幼児期の遊びの重要性を改めて示すものでもあります。

あとがき

本書は、白梅学園大学大学院子ども学研究科博士課程の学位論文「幼稚園における子ども同士の同型的行動の研究」を基に、加筆修正を加えたものです。学位論文の審査委員を務めてくださった無藤隆先生、汐見稔幸先生、尾久裕紀先生、佐久間路子先生、倉持清美先生に深くお礼申し上げます。

無藤隆先生には、お茶の水女子大学大学院在学時より、長年にわたりご指導いただくとともに、先生の「保育における身体知」の論考が理論的支柱として本書の研究をここまで導いてくださったと感じており、感謝の念に堪えません。

そして、何よりも本書の研究を可能にしてくださった公立M幼稚園の園児の皆さん、教職員の皆様に深くお礼申し上げます。歴代の園長先生方、観察対象のクラスの担任の先生方には、研究を超えて、幼児教育・保育の実践について様々なことを教えていただきました。観察と観察記録の執筆、先生方との情報交換の話合いを繰り返した日々が、現在の私の研究者・教育者としての芯になっていると感じています。観察を通して学んだ、遊びを中心とする保育における子どもの学びの具体的な姿とその意義を明らかにすることが、私が目指したことでした。それが、本書において、十全ではなくとも、読者の方々に伝わったならば、望外の喜びです。

本書の事例は、平成元（1989）年の幼稚園教育要領の「大改訂」による、「環境を通しての教育」「遊びを通しての総合的指導」の実践の中で観察されたものです。その改訂に深く関わられた、富山大学教育学部の恩師である故・岸井勇雄先生、日本女子大学大学院の恩師である故・森上史朗先生のご学恩に改めて感謝するとともに、本書がそれに応えるものであることを願っています。

また、公益財団法人野間教育研究所の幼児教育研究部会において、秋田喜代美先生の下で長らく共同研究に携わらせていただいたことが、私自身の研究者としての成長につながり、本書をまとめる上での力となりました。深くお礼申し上げます。

本書の刊行に当たっては、東洋館出版社編集部の大場亨さんに、多大なご尽力をいただきました。私の見通しの甘さと段取りの悪さから、本書の刊行までに多くの時間を費やす結果となったことをお詫び申し上げるとともに、心からお礼申し上げます。事例の子どもの姿を的確に生き生きと描いてくださったイラストレーターの赤川ちかこさん、とても素敵な装丁・デザインを手がけてくださった竹内宏和さんにも深くお礼申し上げます。

2021年9月

砂上史子

引用文献

青井倫子.（1995）. 仲間入り場面における幼児の集団調節：「みないっしょに仲良く遊ぶ」という規範のもとで. *子ども社会研究*, 創刊号, 14-26.

青井倫子.（2000）. 幼児の遊び環境としての幼稚園・保育所. 松澤員子（編）, *講座　人間と環境：子どもの成長と環境*（pp.74 94）, 京都：昭和堂.

麻生武.（1980）. 模倣を超えて：乳児の模倣研究のあり方について. *人文論叢*, 9, 大阪：大阪市立大学, 1-16.

麻生武.（1992）. *身ぶりからことばへ：赤ちゃんにみる私たちの起源*. 東京：新曜社

Bakeman, R., & Brownlee, H. S. (1982). Social rules govering object conflicts in toddlers and preschoolers. In Rubin. K. H., & Ross, H. S. (Eds), *Peer relationships and social skills in childhood.* (pp.99-111). New York: Springer Verlag.

Bateson, G. (1982). *精神と自然：生きた世界の認識論*（佐藤良明, 訳）. 東京：思索社.（Bateson, G. (1979). Mind and Nature: A Necessary Unity. Wildwood House）.

中央教育審議会.（2005）. 子どもを取り巻く環境の変化を踏まえた今後の幼児教育の在り方について：子どもの最善の利益のための幼児教育を考える（答申）. 子どもと保育総合研究所 代表／森上史朗（監）, 大豆生田啓友・三谷大紀（編）, *最新保育資料 2010.*（pp.361-373）. 京都：ミネルヴァ書房.

Corsaro, W. A. (1979). 'We're friends, right?: Children's use of access rituals in a nursery school. *Language in Society*, 8, 315-336.

Corsaro, W. A. (1985). Features of peer culture and children's conception of adult rules. In *Friendship and Peer Culture in the Early Years.* (pp.171-270). New Jersey: Ablex Publishig Corporation.

Corsaro, W. A. (2003). "We're Friends, Right?" Sharing and social participation in kids's culture. In W. A. Corsaro, *We're Friends, Right?: Inside kids' culture.* (pp.36-65). Washington, D. C.: Joseph Henry Press.

Eckerman, C. O., & Stein, M. R. (1982). The toddler's emerging interactive skills. In Rubin, K. H., & Ross. H. S. (Eds), *Peer relationships and social skills in childhood.* (pp.41-71). New York: Springer-Verlag.

Eckerman, C. O., Whatley, J. L., & Kutz, S. L. (1975). Growth of social play with peers during the second year of life. *Developmental Psychology*, 11

(1), 42-49.

Eibe-Eibesfelt, I. (2001). *ヒューマン・エソロジー：人間行動の生物学*（日高隆敏，監；桃木暁子他，訳）．京都：ミネルヴァ書房．(Eibe-Eibesfelt, I. (1984). Die Biologie des Menshlihen Verhaltens Grundriß der Humanethlogie. Mnchen: PIPER VERLAG.).

江口純代．(1979)．乳幼児における子ども同士の交渉（その1）：0歳から3歳までの子どもたちによる遊び場面における1歳児の場合．*北海道：北海道大学紀要（第1部C)*，29，161-174.

遠藤純代．(1995)．遊びと仲間関係．麻生武・内田伸子（編)，*講座　生涯発達心理：2　人生への旅立ち：胎児・乳児・幼児期前期*．(pp.229-263)．東京：金子書房．

Fabes, R. A., Martin, C. L. & L. D. Hanish. (2009). Children's behaviors and interaction with peer. In K. H. Rubin, W. M. Bukwski, & B. Laursen (Eds.), *Handbook of peer interactions, relationships, and groups* (pp.45-62). New York: Guliford.

藤田清澄．(2011) 遊びの中でみられる幼児の身体接触の意味：身体知の視点から．*保育学研究*，49，29-39.

深田昭三・倉盛美穂子・小坂圭子・石井史子・横山順一．(1999)．幼児による会話の維持：コミュニケーション連鎖の分析．*発達心理学研究*，10(3)，220-229.

Garvey, C. (1980). *ごっこの構造：子どもの遊びの世界*（高橋たまき，訳)．東京：サイエンス社．(Garvey, C. (1977). Play. Harvard University Press.).

Garvey, C. (1987). *子どもの会話："おしゃべり" にみるこころの世界*（柏木惠子・日笠摩子，訳)．東京：サイエンス社．(Garvey, C. (1984). Children's talk. Willian Collins Sons & Co. Ltd.).

Geertz, C. (1987). *文化の解釈学Ⅰ・Ⅱ*（吉田禎吾・中牧弘允・柳川啓一・板橋作美，訳)．東京：岩波書店 (Geertz, C. (1973). The interpretation of cultures. New York: Basic Books.).

Hartup, W. W. (1983). Peer relations. In E. M. Hetheingston (Ed.), & P. H. Mussen (Seriesed). *Handbook of child psychology* (vol.4) (pp.103-196), New Jersey: Wiley.

平井タカネ．(1985)．「からだことば」とコミュニケーション．岩田慶治（編)，*子ども文化の原像*（pp.212-230)．東京：日本放送出版協会 .

広瀬美和．(2006)．子どもの調整・仲直り行動の構造：保育園でのいざこざ場面の自然観察的検討．*乳幼児教育学研究*，15，13-23.

掘越紀香・無藤隆．(2000)．幼児にとってのふざけ行動の意味：タブーのふざけの変化．*子ども社会研究*，6，43-55.
掘越紀香．(2003)．人間関係の保育．無藤隆（編），*保育・看護・福祉プリマーズ：6　幼児の心理と保育*．(pp.161-182)．京都：ミネルヴァ書房.
今井和子．(1992)．*なぜごっこ遊び：子どもの自己世界のめばえとイメージの育ち*．東京：フレーベル館.
岩田純一．(1990)．意味の発達．内田伸子（編），*新・児童心理学講座⑥　言語機能の発達*（pp.73-109)．東京：金子書房.
加用文男．(1993)．遊び研究の方法論としての「心理状態主義」．*発達*，55，1-15．京都：ミネルヴァ書房.
Keeanan, E. O. (1974). Conversational Competence in children. *Journal of Child Language*, 1, 163-183.
木下孝司．(1998)．“ふり”が通じ合うとき：ふり遊びの始まりと心の理解．秦野悦子・やまだようこ（編），*シリーズ発達と障害を探る：1　コミュニケーションという謎*（pp.151-172)．京都：ミネルヴァ書房.
岸井勇雄．(1990)．*幼児教育課程総論*．東京：同文書院.
北村光二．(1992)．「繰り返し」をめぐって：「関係」をテーマとするコミュニケーション．*弘前大学人文学部文経論叢*．27(3)，23-51.
鯨岡峻．(1997)．*原初的コミュニケーションの諸相*．京都：ミネルヴァ書房.
鯨岡峻．(2005)．*エピソード記述入門：実践と質的研究のために*．東京：東京大学出版会.
倉持清美．(1994)．就学前児の遊び集団への仲間入り過程．*発達心理学究*，5，137-144.
倉持清美・柴坂寿子．(1999)．クラス集団における仲間間の認識と仲間入り行動．*心理学研究*，70(40)．301-309.
倉持清美・無藤隆．(1991)．『入れて』『貸して』へどう応じるか：一時的遊び集団における遊び集団外からのかかわりへの対処の方法．*保育学研究*，29，132-144.
倉持清美．(2003)．保育実践とフィールド心理学．無藤隆・倉持清美（編），*新保育ライブラリ　子どもを知る：保育実践のフィールド心理学*．(pp.1-8)．京都：北大路書房.
牧亮太．(2009)．幼児のコミュニケーションの一様式としてのからかい：観察・エピソード分析による多角的検討．*乳幼児教育学研究*，18，31-40.
松井愛奈・無藤隆・門山睦．(2001)．幼児の仲間との相互作用のきっかけ：幼稚園における自由遊び場面の検討．*発達心理学研究*，12，195-205.

松井愛奈．(2001)．幼児の仲間への働きかけと遊び場面との関連．*教育心理学研究*，49，pp.285-294.

Meltzoff, A. N. & Moore, M. K. (1977). Imitaion of facial and manual gesture by human neonates. *SCIENCE*, 198, 75-78.

Meltzoff, A. N. & Moore, M. K. (1983). Newborn infants imitate adult facial gesture. *Child Development*, 54, 702-709.

文部科学省．(2005)．子どもを取り巻く環境の変化を踏まえた今後の幼児教育の在り方について：子どもの最善の利益のための幼児教育を考える（答申）．中央教育審議会平成 17 年 1 月 28 日．子どもと保育総合研究所代表／森上史朗（監），大豆生田啓友・三谷大紀（編），*最新保育資料* 2010．(pp.361-373)．京都：ミネルヴァ書房．

文部科学省．(2017)．*幼稚園教育要領*（平成 29 年告示）．東京：フレーベル館．

文部科学省．(2018)．*幼稚園教育要領解説*．東京：フレーベル館．

森司朗．(1999)．幼児のからだの共振に関して：対人的自己の観点から．*保育学研究*，37，152-158.

無藤隆．(1992)．*子どもの生活における発達と学習*．京都：ミネルヴァ書房．

無藤隆．(1996a)．身体知の獲得としての保育．*保育学研究*，34，144-151.

無藤隆．(1996b)．幼児同士の付き合いの成立過程の微視的検討．*人間関係学研究*，3(1)，15-23.

無藤隆．(1997)．*協同するからだとことば*．東京：金子書房．

無藤隆．(2003)．保育実践のフィールド心理学の理論と方法．無藤隆・倉持清美（編），*新保育ライブラリ　子どもを知る：保育実践のフィールド心理学*(pp.1-19)．京都：北大路書房．

明和政子．(2000)．模倣の発達と進化：飼育下チンパンジーとヒトの比較研究．*心理学評論*，43(3)，349-367.

Nadel, J., Guerini, C., Perze, A., & Rivet, C. (1999). The evolving nature of imitation as a format for communication. In J. Nadel. & G. Butterworth (eds.), *Imitaion in infancy* (pp.209-234). Cambridge University Press.

中野茂．(1990)．遊び．無藤隆・高橋惠子・田島信元（編），*発達心理学入門 I：乳児・幼児・児童*(pp.147-160)．東京：東京大学出版会．

中野茂．(1992)．あそび．日本児童研究所（編），*児童心理学の進歩*，vol.31 (pp.59-80)．東京：金子書房．

小原敏郎・入江礼子・白石敏行・友定啓子．(2008)．子ども同士のトラブルに保育者はどうかかわっているか：保育者の経験年数・トラブルが生じる状況による分析を中心に．*乳幼児教育学研究*，17，93-103.

OECD. (2006). Starting Strong II: Early Childhood Education and Care. OECD.

岡林典子. (2003). 生活の中の音楽的行為に関する一考察：応答唱《かーわってー・いいよー》の成立過程の縦断的観察から. *保育学研究*, 41(2), 50-57.

岡花祈一郎・牧亮太・佐藤裕樹・浅川淳司・杉村伸一郎. (2011). 5歳児における遊びの展開プロセス：模倣による縦と横の広がり. *日本発達心理学会第22回大会論文集*, 398.

岡本拡子. (2009). 音・音楽に対する感性と表現. 平田智久・小林紀子・砂上史子（編）, *最新保育講座⑪　保育内容「表現」*. (pp.97-114). 京都：ミネルヴァ書房.

Piaget, J. (1968). *幼児心理学 1：模倣の心理学*. 大伴茂（訳）. 愛知：黎明書房 (Piaget, J. (1945). La formation du symbole chez l'enfant.Delachaux et Niestle.)

Rizzolatti, G. & Sinigagalia, C. (2009). ミラーニューロン（柴田裕之, 訳. 茂木健一郎, 監修). 東京：紀伊国屋書店. (Rizzolatti & Sinigagalia, (2008) Mirrors in the brain: How our minds share actions and emotions. Translated by Frances Anderson. New Yorl: Oxford University Press.)

Ross, H. S. (1982). Establishment of Social Games Among Toddlers. *Developmental Psychology*, 18(4), 509-518.

Rubin, K. H., Bukowski, W. M., & Parker, J. G. (2006). Peer interaction, relationships, and Groups. In N. Eisenberg (Ed.), W. Damon, & R. M. Lerner (Editors-in-Chief). *Handbook of Child Psychology*: vol.3 (6th ed., pp.571-645). New York: Jhon Wiley & Sons Inc.

佐伯胖. (2008). 模倣の発達とその意味. *保育学研究*, 46, 347-357.

斉藤こずゑ・木下芳子・朝生あけみ. (1986). 仲間関係. 無藤隆・内田伸子・斉藤こずゑ（編）, *子ども時代を豊かに：新しい保育心理学* (pp.59-111). 東京：学文社.

斉藤こずゑ. (1992). 仲間・友人関係. 木下芳子（編）, *新・児童心理学講座第8巻：対人関係と社会性の発達*. (pp.29-82). 東京：金子書房.

佐々木正人. (1996). 子どもを意味でとりかこむ：アフォーダンスの設計. エデュケア, 21, 6月号, 40-43. 東京：栄光教育研究所.

佐藤公治. (2008). 遊び：モノ, 行為, 空間の相互連関性. *保育の中の発達の姿*. (pp.120-165). 東京：萌文書林.

佐藤康富. (2009). 幼児期の協同性における目的の生成と共有の過程. *保育学研究*, 47, 143-152.

瀬野由衣.（2010）. 2〜3 歳児は仲間同士の遊びでいかに共有テーマを生み出すか：相互模倣とその変化に着目した縦断的観察. *保育学研究*, 48(2), 51-62.

瀬野由衣.（2011）. 2 歳児から見えている世界：遊びの様子を手掛かりにして. 木下孝司・加用文男・加藤義信（編）, *子どもの心的世界のゆらぎと発達*（pp.65-85）. 京都：ミネルヴァ書房.

Shantz, C. U. & Hobert, C. J. (1987). Social conflict and development. In T. J. Berndt & G. W. Ladd. (Eds), *Peer relationships in child development* (pp.71-94). New York: Jhon Wiley & Sons Inc.

柴坂寿子・倉持清美.（2009）. 幼稚園クラス集団におけるお弁当の共有ルーティン. *質的心理学研究*, 8, 96-116.

Stern. D. N. (1989). *乳児の対人世界：理論編*（小此木啓吾・丸太俊彦, 監訳, 神庭靖子・神庭重信, 訳）. 東京：岩崎学術出版社.（Stern, D. N. (1985). *The interpersonal of infant*. New York: Basic Books.）

杉村伸一郎・岡花祈一郎・牧亮太・浅川淳司・鄭暁琳・佐藤裕樹.（2011）. 保育場面における幼児の模倣：感覚・感情的側面からの検討. *日本発達心理学会第 22 回大会発表論文集*, 348.

須永美紀.（2007）.「共振」から「共感」へ. 佐伯胖（編）, *共感：育ち合う保育のなかで*（pp.39-73）. 京都：ミネルヴァ書房.

鈴木裕子.（2009）. 幼児期における模倣機能の類型化の有効性：幼児の身体表現活動を焦点とした検討. *子ども社会研究*, 15, 123-136.

高橋登.（2002）. 会話期と読み書き期の言語発達. 岩立志津夫･小椋たみ子（編）, 柏木恵子･藤永保（監修）, *臨床発達心理学④　言語発達とその支援*（pp.92-101）. 京都：ミネルヴァ書房.

高橋たまき・松嵜洋子.（1988）. 遊びにおける発話・対話の発達：その 1. *日本教育心理学会第 30 回総会発表論文集*, 336-337.

高橋たまき.（1984）. *乳幼児の遊び　その発達プロセス*. 東京 : 新曜社 .

Tomasello, M. (2006). Acquring lingustic constructions. Kuhn, D. & Siegler, R. (Eds), *Handbook of Child Psychology, 6th edition*, vol.2 (pp.255-335). New York: Jhon Wiley & Sons Inc.

友定啓子.（1993）. *幼児の笑いと発達*. 東京：勁草書房.

塚崎京子・無藤隆.（2004）. 保育現場における 3 歳児の身体接触の変容. *乳幼児教育学研究*, 13, 13-26.

都筑郁子・上田淑子.（2009）. 子ども同士のトラブルに対する 3 歳児のかかわり方の発達的変化：1 年間の保育記録とビデオ記録にもとづく実践的事例研

究．*保育学研究*，47，22-30．

内田伸子・無藤隆．（1982）．幼児初期の遊びにおける会話の構造．*お茶の水女子大学人文科学紀要*，35，東京：お茶の水女子大学，81-121．

内田伸子．（1986）．*ごっこからファンタジーへ：子どもの想像世界*．東京：新曜社．

山田敏．（1994）．*遊び論研究：遊びを基盤とする幼児教育方法理論形成のための基礎的研究*．東京：風間書房．

やまだようこ．（1996）．共鳴してうたうこと・自身のこえがうまれること．菅原和孝・野村雅一（編），*コミュニケーションとしての身体*（pp.40-70）．東京：大修館書店 .

山本登志哉．（1991）．幼児期に於ける「先占の尊重」原則の形成とその機能：所有の個体発生をめぐって．*教育心理学研究*，39，122-132．

山本登志哉．（2000）．2歳と3歳　群れ始める子どもたち：自律的集団と三極構造．岡本夏木・麻生武（編），*年齢の心理学：0歳から6歳まで*（pp103-141）．京都：ミネルヴァ書房．

山本登志哉．（2001）．幼児期前期の友だち関係と大人の関わり．無藤隆（編），*保育・看護・福祉プリマーズ：5　発達心理学*（pp55-72）．京都：ミネルヴァ書房．

淀川裕美．（2010）．2-3歳児における保育集団での対話の発達的変化：「フォーマット」の二層構造と模倣／非模倣の変化に着目して．*乳幼児教育学研究*，19，95-107．

Vandle, D. L. & Wilson, K. S. (1982). Social interaction in first year; Infants'social skills with peer versus mother. In Rubin, K. H. & Ross. H. S. (Eds), *Peer relationshisp and social skills in childhood.* (pp.187-208). New York: Springer-Verlag.

Wertch, J. V. (1995). *心の声：媒介された行為への社会文化的アプローチ*（田島信元・佐藤公治・茂呂雄二・上村佳世子，（訳）．東京：福村出版．（Wertch, J. V. (1991) Voices of the Mind: A sociocultural approach to mediated action. Harvard University Press.）

「おんなじ」が生み出す子どもの世界
―幼児の同型的行動の機能―

2021（令和3）年10月26日　初版第1刷発行

著　者　**砂上　史子**
発行者　**錦織　圭之介**
発行所　**株式会社東洋館出版社**
〒113-0021　東京都文京区本駒込5丁目16番7号
営業部　電話03-3823-9206　FAX03-3823-9208
編集部　電話03-3823-9207　FAX03-3823-9209
振　替　00180-7-96823
URL　https://www.toyokan.co.jp

印刷・製本　藤原印刷株式会社
装丁・本文デザイン　竹内　宏和（藤原印刷株式会社）
イラスト　赤川　ちかこ（株式会社オセロ）

ISBN978-4-491-03723-3
Printed in Japan